Les mots de l'info

© 2022, Stéphane Wattier

communfrancais.com

ISBN : 978-2-9580741-1-1

Dépôt légal : septembre 2022

Stéphane Wattier

Les mots de l’info

DU MÊME AUTEUR

Ouvrages disponibles sur boutique.communfrancais.com :

– Objectif DELF B1

– Objectif DELF B2

– Objectif DALF C1

– Production écrite DELF B2

– Production orale DELF B2

– Production écrite DALF C1

– Production orale DALF C1

– Les mots de l'info – *Le vocabulaire de l'actualité pour les niveaux B2 et C1*

– Les mots pour convaincre – *Le vocabulaire essentiel pour argumenter à l'écrit et à l'oral.*

– Écoute le net ! – *101 techniques pour améliorer la compréhension orale avec Internet.*

Ressources

Ce livre est accompagné de ressources accessibles sur le site Internet de l'éditeur. Vous y trouverez la version interactive des quiz (sections Testez-vous !), ainsi que des ressources additionnelles.

Pour accéder aux ressources, scannez le QR code ou recopiez l'adresse Internet :

RESSOURCES

communfrancais.com/ressources/les-mots-de-linfo-b1-b2/

Table des matières

Bienvenue ! 11
Introduction 13
Les mots de l'école 15
Le téléphone portable à l'école 16
Le harcèlement scolaire 18
La classe flexible 20
La suppression des notes 22
Testez-vous ! 24
Les mots du travail 27
Les animaux de compagnie au bureau 28
L'inégalité salariale 30
Le recrutement par le jeu vidéo 32
La génération Z 34
Testez-vous ! 36
Les mots des loisirs et de la culture 39
La cuisine de rue 40
Les séries télévisées 42
La fréquentation des cinémas 44
Le livre audio 46
Testez-vous ! 48
Les mots du tourisme 51
Des idées de destinations 52
L'influence des réseaux sociaux 54
Le tourisme responsable 56
La préservation du patrimoine 58

Testez-vous ! 60
Les mots de la consommation 63
Le pourboire 64
La revente de vêtements 66
L'argent liquide 68
L'autoproduction 70
Testez-vous ! 72
Les mots des relations sociales et familiales 75
La colocation 76
La famille recomposée 78
Le contrôle parental 80
Les inégalités femmes/hommes 82
Testez-vous ! 84
Les mots des transports 87
La gratuité des transports en commun 88
La trottinette en ville 90
Le co-vélotage 92
Les rues scolaires 94
Testez-vous ! 96
Les mots de l'environnement 99
La protection des animaux 100
Le traitement des déchets 102
Le changement climatique 104
La sécheresse 106
Testez-vous ! 108
Les mots de la santé 111
L'alimentation sans viande 112
Le manque de sommeil 114
La malbouffe 116
La santé mentale 118
Testez-vous ! 120

Les mots des médias 123
La pollution numérique 124
Les textos 126
Les enfants youtubeurs 128
Les traces numériques 130
Testez-vous ! 132
Corrigés des tests 135

Bienvenue !

Bienvenue dans *Les mots de l'info B1-B2*, le livre qui permet d'enrichir le vocabulaire sur des sujets d'actualité aux niveaux intermédiaires.

De nationalité française et professeur de français langue étrangère (FLE), j'ai créé en 2016 *Commun français* pour proposer des manuels destinés aux niveaux intermédiaires et avancés. Examinateur habilité, cela fait plus de 20 ans que je fais passer les examens du DELF et du DALF. Passionné par l'apprentissage des langues sur Internet, j'anime régulièrement des groupes au service des apprenants de français du monde entier.

Les mots de l'info B1-B2 fait partie de la collection « Les mots », entièrement conçue pour vous aider à enrichir le vocabulaire en français. Voici les autres titres déjà parus, disponibles sur boutique.communfrancais.com :

— Les mots de l'info B2-C1 (niveaux avancés)

— Les mots pour convaincre – *Le vocabulaire essentiel pour argumenter à l'écrit et à l'oral.*

Devenez membre de Commun français

Le livre au format PDF *Tests et diplômes de français – comment choisir ?* est offert à tous les nouveaux abonnés à la lettre d'information de commun français. Pour en savoir plus : communfrancais.com/accueil/abonnez-vous/

Contact

Travailler avec un livre ne veut pas dire travailler seul. Vous pourrez à tout moment poser des questions et échanger avec d'autres lecteurs sur le forum de commun français : facebook.com/groups/communfrancais/

N'hésitez pas à me contacter par courrier électronique pour toutes vos remarques et suggestions sur *Les mots de l'info B1-B2*. Je me ferai un plaisir de vous répondre : contact@communfrancais.com

Bonne lecture !

Stéphane Wattier.

Introduction

Le but général des *Mots de l'info B1-B2* est de constituer le lexique essentiel — un minimum de 400 mots correspondant aux niveaux intermédiaires — pour comprendre les problématiques dont les médias parlent régulièrement. Elles ont été choisies pour leur caractère assez universel et durable, comme les séries télévisées ou le changement climatique, mais aussi parce qu'elles sont intéressantes et qu'elles donnent envie d'exprimer son point de vue.

À qui s'adresse ce livre ?

Les mots de l'info pourront donc intéresser tous ceux qui veulent enrichir rapidement leur vocabulaire de l'actualité. Le livre pourra leur servir notamment d'introduction à la lecture de la presse. En effet, les articles courts et les définitions rédigées dans un français simple permettent un entraînement efficace à la compréhension, avant de passer à des documents plus longs et plus complexes.

Les candidats au DELF B1 ou au DELF B2 y trouveront des ressources indispensables pour se préparer à l'examen. En effet, toutes les épreuves sont concernées par l'actualité : il faudra écouter des émissions de radio et lire des articles de presse. De plus, les articles courts ressemblent au format de document proposé lors de l'épreuve orale du DELF B1 et du DELF B2. Comme les problématiques sélectionnées dans ce livre correspondent aux thèmes les plus fréquents aux examens, le candidat pourra les préparer rapidement, connaître les principaux arguments et apprendre les mots-clés pour exprimer son opinion.

Quant aux enseignants de français langue étrangère, ils trouveront dans ce livre une « revue de presse » qui leur fournira des ressources et des idées de problématiques à traiter en classe. Les fiches de vocabulaire pourront servir à préparer une activité de compréhension orale ou écrite sur un sujet particulier. Les articles courts enfin, constitueront des *documents déclencheurs* pour des débats ou des activités d'entraînement à l'épreuve orale du DELF B1 ou du DELF B2.

Comment ce livre est-il organisé ?

Les mots de l'info B1-B2 sont répartis en 10 thèmes (ou domaines si vous préférez) généraux, comme l'école, le travail, le tourisme, etc. Chacun de ces thèmes comprend 4 sujets de difficulté progressive (du niveau B1 au B2) et qui sont abordés en 3 étapes :

1. L'article court (180 mots environ pour le B1, 220 mots environ pour le B2) expose le sujet et le vocabulaire essentiel en contexte.

2. Les 10 mots-clés indispensables pour exprimer son opinion sur le sujet. Chaque terme est expliqué par une définition rédigée dans un français simple, plus facile à comprendre que dans les dictionnaires habituels. Il est de plus illustré par une phrase d'exemple.
3. La problématique (d'une longueur de 100 mots environ) résume le problème, son enjeu et les principaux arguments.

Enfin, un quiz, sous la forme de 20 questions à choix multiple (QCM), permet de tester ses connaissances à la fin de chaque thème, ce qui fait 10 quiz et 200 questions au total. La version interactive de ces quiz, ainsi que des ressources additionnelles, sont accessibles sur le site de Commun français en suivant ce lien : communfrancais.com/ressources/les-mots-de-linfo-b1-b2/

Comment mémoriser tout ce vocabulaire ?

Les mots de l'info B1-B2 vont ainsi permettre d'apprendre un minimum de 400 mots. Grâce à son organisation par thème et sujet, par ses définitions simples et ses nombreux exemples en contexte, ce livre constitue déjà une aide appréciable à la mémorisation. D'autant plus que des mots-clés sont repris volontairement dans d'autres textes pour permettre une répétition efficace. En outre, certaines questions dans les quiz jouent avec les formes et les familles de mots : ils utilisent par exemple le verbe au lieu du substantif abordé dans l'étape de vocabulaire. Toutefois, pour une bonne mémorisation à long terme, il faudra compléter par d'autres stratégies, comme celles-ci :

Stratégie 1 : fréquentez régulièrement les médias francophones. Par exemple, en lisant d'autres articles de presse (ou en écoutant des émissions de radio) portant sur les sujets de ce livre, vous y rencontrerez plusieurs fois les mêmes mots-clés, ce qui vous aidera à les apprendre.

Stratégie 2 : complétez ces mots en cherchant les autres « membres de la famille » : verbes, substantifs, adjectifs et adverbes. Vous les apprendrez plus durablement et... votre lexique dépassera largement les 400 mots !

Stratégie 3 : réutilisez les mots appris de manière régulière. Formulez vos exemples personnels, cherchez toutes les occasions pour les employer dans vos productions orales et écrites.

Stratégie 4 : créez vos propres quiz et testez-vous régulièrement pour être certain de ne pas oublier le vocabulaire. Pour cela, je recommande l'application *Quizlet*. Disponible en version web et mobile, elle permet de fabriquer très facilement des listes de mots (par exemple un thème ou un sujet pris dans ce livre) avec leurs définitions. Ensuite, l'application crée automatiquement des cartes mémo (*flash cards*) pour entraîner votre mémoire, mais aussi des quiz pour vous tester.

À vous de jouer maintenant !

Les mots de l'école

Le téléphone portable à l'école (B1)

Interdiction des portables à l'école, ce qui a changé un an après

Un professeur de mathématiques **interrompt** son cours pour demander à un élève de ranger son portable. Une scène banale mais moins courante depuis la loi mise en place à la rentrée dernière. Elle interdit aux élèves d'utiliser leurs portables dans l'**enceinte** de l'**établissement scolaire**, sauf pour des objectifs **pédagogiques**.

Radouane M'Hamdi, principal d'un collège à Sevran, estime que cette loi a facilité son travail. « Je perds beaucoup moins de temps à **confisquer** des portables ou à régler des problèmes de vol », explique-t-il. Depuis l'an dernier, l'équipe éducative de son établissement appellent les familles lorsque les élèves finissent plus tôt. La **possession** d'un mobile est donc devenue moins utile.

De son côté, Angélique Adamik, professeure de français, estime que la loi n'a rien changé. « Je ne vois pas de différence. Le **règlement intérieur** de notre collège interdisait déjà l'utilisation du portable, explique-t-elle. « On essaie de **sensibiliser** les élèves aux dangers des réseaux sociaux. On leur explique également que les écrans influent sur leur **concentration**. Mais c'est difficile de les raisonner. Sans compter que leurs parents veulent pouvoir les **joindre** à tout moment ! »

D'après Annabelle Martella, *La Croix*, 30/08/2019

Les 10 mots-clés

Concentration (n. f.) : action de réserver son attention à une activité unique. *La lecture d'un roman demande beaucoup de concentration.*

Confisquer (qqch à qqn) : prendre à quelqu'un une chose interdite par un règlement. *Le professeur a confisqué le téléphone à un élève qui regardait des vidéos sur YouTube.*

Enceinte (n. f.) : espace fermé et protégé. *En France, la publicité est interdite dans l'enceinte de l'école.*

Établissement scolaire (n. m.) : lieu où s'organisent les classes et activités d'une école. *Il est interdit d'entrer dans un établissement scolaire sans autorisation.*

Interrompre (qqn ou qqch) : stopper une activité. *Un élève arrivé en retard a interrompu le cours.*

Joindre (qqn) : entrer en communication avec quelqu'un. *Où étais-tu ? J'ai essayé de te joindre toute l'après-midi !*

Pédagogique (adj.) : qui concerne les méthodes utilisées par les professeurs. *J'ai lu un rapport intéressant sur l'utilisation pédagogique des réseaux sociaux.*

Possession (n. f.) : action d'avoir quelque chose. *La possession d'une arme est interdite à l'école.*

Règlement intérieur (n. m.) : document qui fixe les règles dans une école ou une entreprise. *Le règlement intérieur autorise les employés à manger dans les bureaux.*

Sensibiliser (qqn à qqch) : intéresser quelqu'un à un problème. *Des médecins essaient de sensibiliser les parents aux conséquences des écrans sur les jeunes enfants.*

La problématique : pour ou contre le téléphone portable à l'école ?

Depuis 2018, une loi interdit l'utilisation du téléphone portable dans les écoles françaises. Cette loi est-elle efficace ? D'un côté, elle a permis de retrouver un peu de calme dans la classe. Les élèves sont plus concentrés, les enseignants perdent moins de temps à régler des problèmes de discipline. Toutefois, des parents se plaignent, parce que le téléphone est un moyen rassurant de joindre leurs enfants. De plus, des professeurs préféreraient qu'on éduque les élèves à mieux utiliser cet outil devenu indispensable dans la vie quotidienne. Il faudrait peut-être interdire le téléphone dans la classe seulement, pas dans tout l'établissement.

Le harcèlement scolaire (B1)

Harcèlement scolaire : quels sont les signes révélateurs et comment réagir ?

Le **harcèlement** commence par un **rejet** de la différence : apparence physique, handicap ou appartenance à un groupe social particulier. Suivent alors des violences verbales (surnoms méchants, **insultes**, **moqueries**...) et des violences physiques (**bousculades**, coups...) ou encore des vols. Aux violences à la **récréation** s'ajoute souvent du cyberharcèlement, via les SMS ou les réseaux sociaux.

Les victimes osent rarement parler de leur **mal-être**. Mais certains signes peuvent alerter : troubles du sommeil, maux de ventre ou de tête les jours d'école, mauvaises notes, accès de colère... Il ne faut pas alors hésiter à demander à son enfant : est-ce que quelque chose ne va pas à l'école ? Quelqu'un t'**embête** ?

Votre enfant peut **craindre** de parler : rassurez-le. Demandez-lui ce qu'il souhaite, expliquez-lui que les adultes sont là pour l'aider. Prenez rendez-vous avec la direction de l'école, du collège ou du lycée. L'établissement scolaire trouvera, avec vous, les solutions adaptées pour que votre enfant ne **subisse** plus cette violence. Si vous ne souhaitez pas contacter l'établissement, vous pouvez demander de l'aide en appelant le numéro vert 3020.

D'après *La dépêche*, 25/10/2021

Les 10 mots-clés

Bousculade (n. f.) : action de pousser quelqu'un avec violence. *Un élève a dû aller à l'hôpital après une bousculade dans les escaliers.*

Craindre (qqch ou de faire qqch) : avoir très peur d'un danger. *Les enfants craignent surtout les violences verbales sur les réseaux sociaux.*

Embêter (qqn) : causer des soucis ou des problèmes à quelqu'un. *Un élève a été puni parce qu'il embêtait sa voisine de classe.*

Harcèlement (n. m.) : action d'attaquer quelqu'un (physiquement ou moralement) de manière répétée. *Le collège a constaté trois cas de harcèlement physique en une semaine.*

Insulte (n. f.) : parole qui veut blesser, faire du mal à quelqu'un. *Si vous continuez à dire des insultes, vous devrez quitter le lycée.*

Mal-être (n. m.) : état moral très difficile à supporter, qui peut être causé par un événement. *Quand le mal-être devient trop grand, la victime peut avoir envie de mourir.*

Moquerie (n. f.) : action de rire de quelqu'un pour lui faire du mal. *L'élève est partie, car elle ne supportait plus les moqueries de ses camarades.*

Récréation (n. f.) : temps de pause à l'école où les élèves sortent dans la cour. *La récréation est un moment indispensable pour les jeunes élèves qui ne peuvent pas rester assis pendant des heures.*

Rejet (n. m.) : action de ne pas accepter quelqu'un qui est vu comme différent. *Les personnes handicapées ne doivent plus être victimes de rejet.*

Subir (qqch) : être victime d'un événement ou d'un comportement négatifs. *Pour ne plus subir de harcèlement sur les réseaux sociaux, il a décidé d'en parler à ses parents.*

La problématique : comment lutter contre le harcèlement scolaire ?

Le harcèlement scolaire n'est pas nouveau, mais les cas de suicide révélés dans la presse ces dernières années inquiètent les parents. De plus, avec les téléphones portables et les réseaux sociaux, le cyberharcèlement peut continuer sans arrêt en dehors de l'école. Il est donc devenu urgent de trouver des solutions. En France, depuis une loi de février 2022, le harceleur risque d'aller en prison. Les établissements scolaires font de la prévention et apportent de l'aide aux victimes. Mais le plus important reste le dialogue avec l'enfant : il doit pouvoir exprimer ses émotions avec une personne de confiance.

La classe flexible (B2)

La classe flexible : c'est quoi exactement ?

La classe **flexible** s'adapte aux élèves en leur permettant de se déplacer et d'avoir plus d'**autonomie** dans la classe. La directrice de l'école de Marcille Saint-Quentin (Dordogne), a adopté cette pédagogie il y a quatre ans déjà.

Comment fonctionne une classe flexible ?

Contrairement à un modèle plus classique, les **apprentissages** passent par des **ateliers**, qui sont précédés par un enseignement **théorique**, essentiel à la bonne compréhension des élèves.

Comment mettre en place une classe flexible ?

Plusieurs **aménagements** sont nécessaires dans les salles. La classe se compose de différents centres de travail autonomes, pour permettre aux enfants de **mettre en pratique** ce que l'enseignant leur a appris. Ces laboratoires créatifs permettent aux élèves de travailler en petits groupes, de s'entraider et de prendre des initiatives.

Quel matériel pour une classe flexible ?

L'organisation n'est pas fixe. Certains enseignants feront le choix de disposer des tapis, des coussins, des tabourets... Dans tous les cas, l'espace doit être composé de plans de travail et d'**assises** en nombre suffisant, pour permettre aux élèves de suivre le cours et réaliser les ateliers.

Pourquoi mettre en place une classe flexible ?

Elle apporte un véritable plus pour les élèves, tant sur leurs capacités d'apprentissage que sur leur **esprit critique**. Ce **dispositif** améliore aussi le climat de confiance envers l'enseignant, plus disponible pour ses élèves.

D'après Sihem Boultif, *Parents*, 31/05/2022

Les 10 mots-clés

Aménagement (n. m.) : organisation d'un espace. *Je n'aime pas l'aménagement de cette pièce : il y a trop de meubles inutiles.*

Apprentissage (n. m.) : fait d'apprendre des connaissances ou des savoir-faire. *L'apprentissage de la lecture commence à l'âge de 6 ans.*

Assise (n. f.) : meuble ou matériel qui permet de s'asseoir. *Dans cette classe, les élèves ont le choix entre différentes assises : coussins, ballons ou chaises classiques.*

Atelier (n. m.) : espace ou séance de classe qui permet de réaliser des activités pratiques. *Le vendredi après-midi, les élèves peuvent choisir entre un atelier dessin ou un atelier cuisine.*

Autonomie (n. f.) : capacité à apprendre ou agir librement, sans contrôle.

Ces élèves manquent d'autonomie : le professeur doit leur dire tout ce qu'ils doivent faire.

Dispositif (n. m.) : ensemble de moyens organisés dans un but précis. *Il faut adopter un dispositif pédagogique parce qu'il est efficace et non parce qu'il est à la mode.*

Esprit critique (expression) : capacité à examiner une information ou une opinion avant de l'accepter. *Contre les fausses informations, il est urgent de développer l'esprit critique.*

Flexible (adj.) : qui peut changer, s'adapter selon les circonstances. *Dans une classe flexible, les élèves changent de place selon le type d'activité.*

Mettre (qqch) en pratique : appliquer de manière concrète une idée, des connaissances, etc. *Pour mettre en pratique le cours sur les achats, je suis allé faire des courses au marché.*

Théorique (adj.) : se dit d'un savoir abstrait, sans application dans le réel. *Dans ce master, les cours théoriques sont assurés par des enseignants et les cours pratiques par des professionnels.*

La problématique : la classe flexible est-elle efficace ?

Comment maintenir la concentration des élèves ? Comment développer leur autonomie ? Modèle importé d'Amérique du Nord, la classe flexible est testée en France pour répondre à ces questions. Son principe général est d'aménager la classe afin de permettre aux élèves de trouver la position qui leur apportera le plus de concentration et de confort, en fonction de l'activité à réaliser. Cependant, ce dispositif pédagogique donne souvent plus de travail à l'enseignant, notamment pour la préparation des ateliers. De plus, il oblige certains professeurs à modifier leurs habitudes : ils doivent accepter de laisser beaucoup plus d'initiatives aux élèves.

La suppression des notes (B2)

Faut-il – définitivement – supprimer les notes à l'école ?

Le ministre de l'Éducation nationale souhaite réformer le système de **notation** à l'école primaire. Entretien avec le psychiatre Boris Cyrulnik, favorable à la **suppression** des notes.

En quoi le système de notation est-il considéré comme injuste pour les élèves ?

J'estime que les évaluations par notes ne sont pas justes. Elles diffèrent selon l'enseignant et le contexte : après avoir vu une mauvaise **copie**, un professeur peut mettre une très bonne note à la suivante qui ne le mérite pourtant pas...

Quelles sont les conséquences du système de notation sur les enfants ?

Leur environnement est déterminant dans leur manière de travailler et un enfant qui n'a pas les conditions pour être en sécurité se considérera injustement **sanctionné** par ses notes. Quand les enfants sont **hiérarchisés** par la notation, ils s'identifient à celles-ci et craignent d'être mauvais pour toujours.

Quel serait le système d'évaluation idéal selon vous ?

Stoppons ce système de **classement** hiérarchique. Bien que cela rassure les parents, les notes ne sont pas bénéfiques à l'équilibre psychologique de leur enfant. Pour les remplacer, une évaluation en termes de connaissances acquises ou non acquises permettra de visualiser de manière plus pédagogique les objectifs et les **acquis**. D'autre part, au lieu de la **compétition** habituelle, ce système favorise l'**entraide** entre les élèves, puisque ceux qui ont **assimilé** la leçon peuvent aider les autres.

D'après Nelly Deflisque, *magicmaman*

Les 10 mots-clés

Acquis (n. m. ou adj.) : connaissances ou compétences apprises de manière durable. *La dernière évaluation en physique a montré que les acquis étaient encore insuffisants.*

Assimiler (qqch) : apprendre quelque chose de manière efficace et durable. *Mes élèves n'ont pas encore assimilé les règles du participe passé avec l'auxiliaire avoir.*

Classement (n. m.) : action de ranger dans un ordre, par exemple de la première à la dernière place. *Les trois premiers au classement recevaient des livres en récompense.*

Compétition (n. f.) : recherche par plusieurs personnes d'un même résultat, par exemple de la première place. *L'école est une longue compétition qui sert à sélectionner les meilleurs.*

Copie (n. f.) : document rédigé à la main que l'élève rend à la fin d'une évaluation. *J'ai raté l'examen, car j'ai oublié d'écrire mon nom sur la copie !*

Entraide (n. f.) : aide réciproque entre membres d'un groupe. *Dans cette classe, il n'y a pas d'entraide : si un élève est en difficulté, les autres ne s'occupent pas de lui.*

Hiérarchiser (qqn) : organiser un groupe selon un ordre de valeur, par exemple du meilleur au plus mauvais résultat obtenu. *Les évaluations n'ont pas pour but de hiérarchiser les élèves, mais de repérer les connaissances non acquises.*

Notation (n. f.) : action d'évaluer un travail scolaire par un chiffre. *Dans le système de notation français, les devoirs des élèves sont évalués de 0 à 10 ou de 0 à 20.*

Sanctionner (qqn) : punir quelqu'un pour une faute. *Tous les élèves arrivant en retard dans la classe seront sanctionnés.*

Suppression (n. f.) : action de faire disparaître quelque chose. *La suppression de deux classes va obliger les parents à trouver une autre école.*

La problématique : faut-il supprimer les notes à l'école ?

C'est une question qui fait polémique depuis des années. Des spécialistes de l'enfance estiment que les notes favorisent la compétition entre les élèves plutôt que la collaboration et l'entraide. D'autre part, elles sont accusées de participer à la dévalorisation de l'enfant et à son manque de confiance en lui. Des enseignants estiment au contraire qu'elles restent un outil indispensable pour contrôler les acquis. En fait, le problème n'est pas la note en elle-même, mais l'habitude française d'évaluer de manière négative. Ce qui compte alors, c'est d'encourager les progrès de l'élève dans un climat de sécurité.

Testez-vous !

Vous préférez la version interactive du test ? Rendez-vous à cette adresse :

communfrancais.com/ressources/les-mots-de-linfo-b1-b2/quiz-ecole/

Niveau B1

1. Quels mots-clés permettent de parler du téléphone portable à l'école ?

   a. Confisquer
   b. Insulte
   c. Pédagogique
   d. Joindre

2. Les élèves en .... d'un téléphone portable en classe seront punis.

   a. Concentration
   b. Possession
   c. Attention
   d. Diminution

3. Il est strictement interdit de fumer dans .... du collège.

   a. L'établissement
   b. L'enceinte
   c. L'école
   d. L'université

4. Hier après-midi, les cours ont été .... par une alerte incendie.

   a. Sensibilisés
   b. Organisés
   c. Interrompus
   d. Détruits

5. Les droits et les devoirs des élèves sont inscrits dans le ....

   a. Carnet de scolarité
   b. Bulletin de notes
   c. Dossier médical
   d. Règlement intérieur

6. Quels verbes permettent de parler du harcèlement scolaire ?

a. Bousculer
b. Rejeter
c. Se moquer
d. Réviser

7. « Arrête .... ton camarade avec tes .... »

a. D'embêter / moqueries
b. De réunir / insultes
c. D'interdire / harcèlements
d. Les 3 réponses ci-dessus sont correctes.

8. La récréation est une nouvelle méthode pédagogique.

a. VRAI
b. FAUX

9. Le .... est la première cause de .... à l'école.

a. Redoublement / concentration
b. Harcèlement / mal-être
c. Téléphone / possession
d. Travail / confiscation

10. Les harceleurs .... d'être exclus de l'établissement scolaire.

a. Subissent
b. Rejettent
c. Craignent
d. Veulent

Niveau B2

1. Quels mots-clés permettent de parler de la classe flexible ?

a. Classement
b. Théorique
c. Autonome
d. Concours

2. Les enfants mettent leurs connaissances en pratique dans les ....

a. Copies
b. Universités
c. Usines
d. Ateliers

3. Dans une classe flexible, on utilise de gros ballons comme ....

a. Jouets
b. Instruments
c. Assises
d. Dispositifs

4. L'aménagement d'une classe flexible permet aux élèves de se déplacer.

   a. VRAI
   b. FAUX

5. .... de .... est une mission essentielle de l'école.

   a. L'autonomie / l'atelier
   b. L'apprentissage / l'esprit critique
   c. L'interruption / la récréation
   d. La punition / l'établissement

6. Quels substantifs permettent de parler de la suppression des notes ?

   a. Disposition
   b. Sanction
   c. Dénotation
   d. Compétition

7. Un test d'évaluation sert à contrôler les ....

   a. Notes
   b. Absences
   c. Bulletins
   d. Acquis

8. Le lexique de l'école n'est pas .... : je fais encore beaucoup d'erreurs.

   a. Assimilé
   b. Sanctionné
   c. Supprimé
   d. Terminé

9. L'école devrait développer .... au lieu de la compétition.

   a. La concurrence
   b. L'université
   c. L'entraide
   d. Le classement

10. Le système .... ne devrait pas servir à .... les élèves.

   a. D'assimilation / acquérir
   b. De notation / hiérarchiser
   c. De découverte / supprimer
   d. D'évaluation / aménager

Les mots du travail

Les animaux de compagnie au bureau (B1)

Pourquoi vous devriez emmener votre chien au travail

Aujourd'hui, dans l'Hexagone, seulement 7 % des **sociétés** acceptent la présence d'animaux domestiques. D'après un sondage relayé par le quotidien *Le Figaro*, près de quatre Français sur dix aimeraient que les chiens soient mieux acceptés. En effet, emmener son **animal de compagnie** au **bureau** présente de nombreux avantages. En voici quatre.

Premièrement, plus d'un tiers des **salariés** disent être « plus heureux » et « en meilleure santé » avec des animaux au bureau : l'**équilibre** entre leur vie professionnelle et personnelle est amélioré.

Deuxièmement, les interactions avec les animaux **réduisent** le stress pendant la journée. Les salariés pouvant **se détendre**, ils sont plus **efficaces**.

Troisièmement, les animaux de compagnie aident à créer du lien entre **collaborateurs**. En effet, le chien devient un sujet de conversation et les interactions sont plus faciles.

Quatrièmement, pour les chiens aussi, accompagner leur **maître** au travail présente de nombreux avantages : l'animal ne passera pas la journée tout seul et pourra sortir plus, pendant les pauses de son maître.

La loi française n'interdit pas d'emmener son chien au travail. Mais, pour tenter l'expérience, il est bien sûr nécessaire de demander l'autorisation à son entreprise !

D'après Mathilde Le Petitcorps, *Ouest-France*, 24/06/2022

Les 10 mots-clés

Animal de compagnie (expression) : animal, généralement un chien ou un chat, qui partage la vie quotidienne d'une ou plusieurs personnes. *Il est interdit d'emmener son animal de compagnie si on travaille dans un restaurant.*

Bureau (n. m.) : peut désigner le meuble ou – comme dans notre article – le lieu de travail des employés. *J'ai passé tout le dimanche au bureau pour finir un travail urgent.*

Collaborateur, collaboratrice (nom) : peut désigner un collègue ou plus généralement un employé. *Le directeur a invité ses collaborateurs au restaurant pour fêter la nouvelle année.*

Détendre (se) : faire une pause après une activité stressante. *Pour me détendre le week-end, je vais à la pêche avec mes enfants.*

Efficace (adj.) : qui donne un très bon résultat. *Avec ces nouvelles méthodes, les employés sont plus efficaces dans leur travail.*

Équilibre (n. m.) : position stable entre des choses opposées. *Quand on travaille dans un hôpital, c'est très difficile de trouver l'équilibre entre le travail et la vie de famille.*

Maître, maîtresse (nom) : personne qui a un animal domestique. *Hier, j'ai trouvé un chien dans la rue et je l'ai ramené à son maître.*

Réduire (qqch) : baisser la quantité ou la valeur de quelque chose. *Mon restaurant a perdu beaucoup de clients, alors je dois réduire le nombre de serveurs.*

Salarié, salariée (nom) : personne qui travaille en échange d'une somme d'argent mensuelle (un salaire). *Ce n'est pas toujours simple de diriger 20 000 salariés.*

Société (n. f.) : organisation dont le but est de produire des biens ou des services. *Je travaille dans une société de chocolat depuis 10 ans.*

La problématique : faut-il autoriser les animaux de compagnies au travail ?

Même si la loi française n'interdit pas les animaux de compagnie au travail, encore peu de sociétés les acceptent. Pourtant, les avantages sont bien connus. Ils donnent une meilleure ambiance et facilitent la communication entre collègues. Moins stressés, les employés sont plus concentrés et plus efficaces. Mais, c'est la direction d'une entreprise qui décide : elle peut refuser les animaux pour des raisons de sécurité ou d'hygiène. Il faut penser aussi aux collègues, peut-être allergiques ou phobiques ! De plus, la loi interdit strictement la présence d'animaux dans certains domaines comme l'administration, la santé, l'alimentation...

L'inégalité salariale (B1)

Les femmes ne gagnent pas autant que leurs maris, selon une nouvelle étude mondiale

Gagnez-vous autant que votre mari ? Selon une étude mondiale sur la différence de **revenus** entre les couples, la réponse est généralement « non ». L'étude a examiné les données de 45 pays, de 1973 à 2016, pour la première enquête mondiale sur les **inégalités** salariales dans les **ménages**.

L'**écart** de salaire entre les sexes (payer les femmes moins que les hommes pour le même travail) restent une réalité dans beaucoup de régions du monde. Il existe des raisons universelles. Les hommes sont culturellement considérés comme des **soutiens de famille**, alors que les femmes sont considérées comme des femmes au foyer. En effet, elles effectuent 76,2 % du total des heures de tâches ménagères.

Il y a pourtant un espoir : l'inégalité dans les ménages a diminué de 20 % entre 1973 et 2016. Grâce au développement économique, la participation des femmes à la **population active** a augmenté. Des politiques plus favorables aux femmes ont permis de réduire l'écart.

Mais les entreprises n'emploient pas encore assez de femmes aux postes de **cadres** et des **secteurs** restent réservés aux hommes, par exemple les nouvelles technologies. Une **répartition** égale du travail et des richesses n'est pas pour demain.

D'après Geeta Pandey, *BBC*, 13/10/2021

Les 10 mots-clés

Cadre (n. m.) : personne qui occupe un poste de direction dans une entreprise. *Je ne pourrai pas venir demain, j'ai une réunion avec les cadres commerciaux.*

Écart (n. m.) : différence de quantité ou de valeur entre deux choses. *On constate un écart entre les hommes et les femmes au travail : il y a beaucoup moins de directrices que de directeurs.*

Gagner (qqch) : recevoir de l'argent en échange d'une activité. *En général, les Français n'aiment pas dire combien ils gagnent par mois.*

Inégalité (n. f.) : fait de présenter des différences de quantité ou de valeur. *Pour réduire les inégalités entre les sexes, il faut commencer par éduquer les enfants à la maison.*

Ménage (n. m.) : ensemble des personnes vivant dans la même maison. *Le télétravail est compliqué dans les ménages avec enfants.*

Population active (expression) : partie de la population d'un pays qui peut travailler. *En 2021, les agriculteurs représentaient 1,5 % de la population active.*

Répartition (n. f.) : manière de distribuer des personnes ou des choses. *Je n'aime pas beaucoup la nouvelle répartition des horaires : je devrai travailler le samedi soir !*

Revenu (n. m.) : tout bénéfice obtenu en échange d'une activité ou d'un travail. *Pendant la première année de mon entreprise, mes revenus étaient très bas.*

Secteur (n. m.) : domaine d'activité économique. *Les salaires ont augmenté dans le secteur de l'hôtellerie et de la restauration.*

Soutien de famille (expression) : personne dont l'activité professionnelle est nécessaire pour la vie de sa famille. *Leur père ne peut plus travailler, c'est leur mère qui est soutien de famille.*

La problématique : comment réduire les inégalités salariales ?

En France, le salaire des femmes est en moyenne de 20 % inférieur au salaire des hommes. Comment expliquer cette inégalité ? Très occupée par les tâches ménagères et l'éducation des enfants, les femmes travaillent moins d'heures par semaine. De plus, elles occupent souvent des postes où les salaires sont plus bas. Mais, elles sont aussi moins payées quand elles font le même travail que les hommes : une situation injuste, mais qui arrange bien l'économie des sociétés ! Pour réduire les inégalités, il faudrait mieux répartir les tâches dans les ménages. On pourrait aussi interdire les écarts de salaires aux mêmes postes de travail.

Le recrutement par le jeu vidéo (B2)

Avec Skilleo, jouer aux jeux vidéo permet de trouver plus facilement un travail

La société française Skilleo permet aux entreprises de **sélectionner** de nouveaux collaborateurs... grâce aux jeux vidéo ! Explications avec l'un de ses cofondateurs : Hugo Chabrouty.

Comment est né le projet de Skilleo ?

Il y a d'abord mon expérience personnelle de joueur. Chaque fois que je **postulais** pour un emploi, je ne pouvais pas mettre en avant les compétences que j'ai développées à la manette depuis l'enfance. Il y a aussi mon passé de responsable en **ressources humaines** : j'ai observé que l'aspect **ludique** pouvait devenir un vrai sujet dans le processus d'**embauche**. Le jeu vidéo a un gros potentiel car étant un média à part et utilisé par une majorité de personnes, cela permet de **recruter** des **profils** de candidats très variés.

Comment fonctionne concrètement votre entreprise ?

Comme une plateforme d'emploi. Après la phase de présentation, le candidat va pouvoir réserver une session de jeux où l'on va mesurer ses **compétences comportementales**. Quand l'évaluation est terminée, le candidat obtient une note et on lui propose des postes à **pourvoir** en adéquation avec ses résultats.

Quelles sont les compétences comportementales analysées grâce aux jeux vidéo ?

Elles sont nombreuses et variées selon les jeux. Par exemple, si vous devez **affronter** d'autres joueurs, vous allez développer des compétences comme le travail en équipe, la capacité d'adaptation ou encore la prise de décision.

D'après Édouard Lamort, *Ouest-France*, 19/04/2022

Les 10 mots-clés

Affronter (verbe transitif ou pronominal) : s'opposer dans un combat. *Même si les candidats sont invités à s'affronter, ce n'est pas la victoire qui compte, mais le comportement.*

Compétence comportementale (expression) : capacité à agir et à réagir selon la situation. *Certaines sociétés s'intéressent plus aux compétences comportementales qu'aux diplômes des candidats.*

Embauche (n. f.) : action d'engager quelqu'un pour un travail. *Le jeu vidéo ne va pas remplacer l'entretien d'embauche traditionnel.*

Ludique (adj.) : qui concerne le jeu. *Les candidats sont confrontés de manière ludique à des problèmes qu'ils pourraient rencontrer dans l'entreprise.*

Postuler (à ou pour qqch) : être candidat à un travail. *J'ai postulé pour un emploi dans plus de 50 entreprises, mais je n'ai obtenu aucun entretien !*

Pourvoir (qqn ou qqch) : donner à quelqu'un. *De nombreux postes restent à pourvoir dans le secteur de la restauration.*

Profil (n. m.) : ensemble des capacités et des qualités exigées pour un emploi. *Il faut que le jeu soit parfaitement adapté au type de profil recherché.*

Recruter (qqn) : engager quelqu'un pour un emploi. *Recruter des collaborateurs par le jeu, c'est aussi une manière de communiquer sur l'entreprise.*

Ressources humaines (expression) : ensemble du personnel d'une entreprise. *De plus en plus de sociétés adoptent le jeu vidéo pour la gestion des ressources humaines.*

Sélectionner (qqn ou qqch) : choisir. *Certains jeux de compétition permettent de sélectionner les meilleurs candidats.*

La problématique : faut-il généraliser le recrutement par le jeu vidéo ?

Comment renouveler les méthodes de recrutement ? Face au manque de compétences dans certains secteurs, des recruteurs décident de remplacer les traditionnels CV et entretiens d'embauche par le jeu vidéo. Ce loisir populaire permettrait en effet de séduire les jeunes générations et de révéler des compétences comportementales plus utiles que les diplômes. Mais le jeu vidéo n'est sans doute pas utilisable dans tous les secteurs. De plus, sa production peut coûter très cher. On peut donc penser qu'il concernera surtout les grandes entreprises et qu'il viendra compléter les outils de recrutement classiques au lieu de les remplacer.

La génération Z (B2)

À quel monde du travail rêve la génération Z ?

Aujourd'hui, on ne parle que des milléniaux, nés entre 1981 et 1996. Il est vrai que cette génération, la première à revendiquer un équilibre entre vie privée et vie professionnelle, domine le monde du travail. Mais, elle doit faire face à la **relève** : la génération Z, née entre 1996 et 2012. Ses membres les plus âgés sont en train de postuler pour des stages professionnels et même d'entamer leurs **carrières**. Le spécialiste Zety a sondé plus de 200 représentants de cette nouvelle génération, afin de mieux cerner leurs **aspirations** professionnelles.

Plus fidèles à l'entreprise, ils sont tout de même capables de partir si le milieu de travail ne leur plaît pas ou si les possibilités d'**avancement** sont trop faibles. Et si un **conflit** de valeurs portant sur un sujet social se présentait, ils sont 72 % à avoir répondu qu'ils **démissionneraient** !

Comme leurs aînés, le fait de trouver son travail **épanouissant** a énormément d'importance. Et cela ne se limite pas à un salaire élevé pour la très grande majorité d'entre eux (95 %). Ils sont même 71 % à accepter une réduction de salaire en échange d'un travail **enrichissant**.

Ce qui les attirent ? Des horaires flexibles, du télétravail et surtout de la **reconnaissance**. Contrairement aux générations précédentes, les Z préfèrent les milieux de travail où ils peuvent trouver de l'**empathie** et partager les mêmes valeurs que leurs collègues, comme le souhait d'aider les autres.

D'après Virginie Moriaux, *Le vif*, 05/04/22

Les 10 mots-clés

Aspiration (n. f.) : désir d'une situation meilleure ou idéale. *Les sociétés doivent mieux écouter les aspirations de leurs jeunes collaborateurs.*

Avancement (n. m.) : fait de monter dans la hiérarchie d'une entreprise. *Si vous réussissez dans ce projet, je vous promets un avancement rapide.*

Carrière (n. f.) : toute la vie professionnelle, du début à la fin. *Il a fait toute sa carrière dans l'industrie automobile.*

Conflit (n. m.) : forte opposition entre des personnes. *Le conflit entre les syndicats et la direction dure depuis six mois.*

Démissionner (verbe intransitif) : quitter volontairement un emploi. *Si la direction n'augmente pas mon salaire cette année, je démissionnerai.*

Empathie (n. f.) : capacité de ressentir les émotions d'une autre personne. *Le personnel a été très choqué par le manque d'empathie du manager.*

Enrichissant (adj.) : qui contribue au développement personnel (intellectuel ou moral). *J'adore travailler avec de jeunes élèves, c'est très enrichissant.*

Épanouissant (adj.) : qui donne une satisfaction totale. *Accueillir toute la journée des clients désagréables, ce n'est pas très épanouissant.*

Reconnaissance (n. f.) : fait de montrer qu'une action est bonne et qu'elle mérite d'être récompensée. *La reconnaissance de mes clients pour mon travail, c'est plus important que le salaire !*

Relève (n. f.) : remplacement d'une personne dans un travail. *J'espère que mes enfants prendront la relève dans mon magasin quand je serai trop vieux.*

La problématique : la génération Z est-elle si différente ?

Générations X, Y... Il est courant dans les médias d'opposer les générations. Les Z, nés avec Internet, aimeraient prendre des risques et préféreraient un travail qui a du sens pour eux et pour les autres. Ils rechercheraient les entreprises où l'autorité n'est pas trop forte et qui se soucient de la protection de l'environnement. Mais faut-il vraiment opposer les générations ? N'ont-elles pas finalement les mêmes aspirations essentielles : l'opportunité de développer de nouvelles compétences, le droit de proposer des idées, la reconnaissance pour les résultats obtenus... tout cela dans une bonne ambiance de travail ?

Testez-vous !

Vous préférez la version interactive du test ? Rendez-vous à cette adresse :

communfrancais.com/ressources/les-mots-de-linfo-b1-b2/quiz-travail/

Niveau B1

1. Quels mots-clés permettent de parler des animaux de compagnie au travail ?

   a. Soutien de famille
   b. Maîtresse
   c. Se détendre
   d. Ordinateur

2. La loi n'interdit pas les animaux au travail, mais c'est .... qui décide de les accepter ou non.

   a. La société
   b. Le salarié
   c. L'équilibre
   d. Le maître

3. La directrice a réuni tous ses .... pour le bilan annuel de la société.

   a. Animaux
   b. Ménages
   c. Voisins
   d. Collaborateurs

4. Un .... trop stressé sera moins ....

   a. Salarié / efficace
   b. Client / réduit
   c. Chat / domestique
   d. Les 3 réponses ci-dessus sont correctes.

5. Avec un bon .... entre le travail et les loisirs, l'employé est plus ....

   a. Bureau / Salarié
   b. Maître / stressé
   c. Revenu / fatigué
   d. Équilibre / détendu

6. Quel mot n'est pas utile pour parler des inégalités salariales ?

  a. Cadre
  b. Récréation
  c. Gagner
  d. Secteur

7. Nous devons réduire .... de salaires entre le directeur et les employés.

  a. Le nombre
  b. L'écart
  c. La gagne
  d. Les chiffres

8. Dans quelques .... seulement, les femmes ont les mêmes .... que les hommes.

  a. Sociétés / inégalités
  b. Entreprises / ménages
  c. Secteurs / revenus
  d. Les 3 réponses ci-dessus sont incorrectes.

9. La .... des tâches ménagères entre les hommes et les femmes est trop inégale.

  a. Répartition
  b. Population
  c. Réduction
  d. Possession

10. En 2021, les femmes représentaient 49 % ....

  a. Des ménages en France
  b. Des femmes au foyer
  c. De la population active
  d. Les 3 réponses ci-dessus sont correctes.

Niveau B2

1. Quels mots-clés permettent de parler du recrutement par le jeu vidéo ?

  a. Postuler
  b. Ludique
  c. Relève
  d. Écart

2. Grâce au jeu vidéo, les candidats sont recrutés surtout pour leurs compétences ....

  a. Comportementales
  b. Informatiques
  c. Bureautiques
  d. Administratives

3. La sélection des candidats est généralement faite par le responsable des ressources humaines.

a. VRAI
b. FAUX

4. Dans une annonce d'offre d'emploi, l'entreprise indique le .... recherché.

a. Conflit
b. Profil
c. Salaire
d. Milieu

5. « C'est inutile .... monsieur, il n'y a plus de poste à .... »

a. D'embaucher / démissionner
b. De candidater / affronter
c. De postuler / pourvoir
d. Les 3 réponses ci-dessus sont correctes.

6. Cherchez l'intrus.

a. Embauche
b. Avancement
c. Vacances
d. Démission

7. Une carrière *enrichissante* est une carrière qui fait gagner beaucoup d'argent.

a. VRAI
b. FAUX

8. Ce poste ne répond pas à ses .... , alors la nouvelle employée n'est pas très ....

a. Attentes / postulée
b. Souhaits / démissionnaire
c. Aspirations / épanouie
d. Désirs / relevée

9. La génération Z attend surtout d'un manager qu'il soit ....

a. Antipathique
b. Empathique
c. Hépatique
d. Carriériste

10. Mon directeur m'a beaucoup aidée au début, je lui suis très ....

a. Reconnue
b. Reconnaissance
c. Reconnusse
d. Reconnaissante

Les mots des loisirs et de la culture

La cuisine de rue (B1)

Le Streat Fest : pour tout connaître de la cuisine de rue... et en faire

Un festival autour de ces plats de rue, issus des cultures traditionnelles de tous les pays, ***rassemblés*** *en un seul endroit, et en musique !*

La première édition du Streat Festival n'est pas qu'un rassemblement de **camions-restaurants**, loin de là... Les organisateurs ont voulu offrir une expérience globale avec des concerts, de la musique, des artistes de rue et beaucoup, beaucoup de bonne **bouffe** : plus de 50 chefs et restaurants connus vont pendant 4 jours présenter leurs créations autour de cette **tendance** de la cuisine de rue.

On pourra donc **se régaler**, mais aussi apprendre grâce à des ateliers et des cours de cuisine donnés par de grands noms de la **gastronomie**. Et tout cela gratuitement ! Les curieux pourront **confectionner** des falafels parfaits et bien d'autres **mets** aux **saveurs** exotiques comme les nems vietnamiens ou les beignets de poulet japonais.

La blogueuse Myriam Baya vous livrera ses secrets pour mettre un plat en valeur et réaliser des photos « qui donnent vraiment envie ». Enfin des ateliers originaux marieront hip-hop et création de cocktails ou encore yoga et **dégustation** de vin !

D'après *Gourmandiz*, 09/05/2022

Les 10 mots-clés

Bouffe (n. f. familier) : nourriture ou repas. *Mon loisir du week-end, c'est une bonne bouffe avec des amis.*

Camion-restaurant, encore appelé camion-cantine ou food truck (n. m.) : restaurant installé dans un grand véhicule qui change souvent de place. *Je connais un bon camion-restaurant qui vient sur le marché de mon village tous les dimanches.*

Confectionner (qqch) : préparer un plat. *J'ai confectionné pour vous une spécialité de ma région : du poulet à la crème.*

Dégustation (n. f.) : action de manger ou boire quelque chose, lentement et avec attention, pour apprécier les qualités. *La semaine prochaine, j'organise une dégustation gratuite dans mon restaurant.*

Gastronomie (n. f.) : art de la cuisine. *J'adore la gastronomie italienne : ils font des plats délicieux avec des ingrédients simples.*

Mets (n. m.) : aliment ou plat préparé pour un repas. *Bien accorder les mets avec les vins, c'est un art complexe !*

Rassembler (qqn) : faire venir des personnes dans un lieu pour un évènement. *Le festival de cuisine asiatique a rassemblé plus de 200 chefs.*

Régaler (se) : prendre beaucoup de plaisir à manger quelque chose. *Merci pour cet excellent dîner : je me suis régalé !*

Saveur (n. f.) : qualité d'un aliment ou d'une boisson qui est très agréable au goût. *Cette viande manque de saveur : elle n'est pas assez cuite.*

Tendance (n. f.) : mode, intérêt qui dure peu de temps pour quelque chose. *Le camion-restaurant est une tendance venue des États-Unis.*

La problématique : comment expliquer le succès de la cuisine de rue ?

La cuisine de rue est à la mode en France. Comment expliquer cette tendance ? C'est d'abord un excellent moyen de déjeuner rapidement : on peut manger sur place ou emporter les plats au bureau. Ensuite, c'est souvent une cuisine de qualité, confectionnée à partir de produits locaux. Ce sont aussi des mets qui permettent de découvrir d'autres cultures : manger libanais aujourd'hui, coréen demain... Enfin, pour les jeunes restaurateurs, le camion-restaurant a beaucoup d'avantages : il est économique (pas de loyer à payer) et il peut faire beaucoup de ventes en choisissant des endroits avec une forte activité : marchés, festivals, etc.

Les séries télévisées (B1)

Ces séries françaises qui cartonnent à l'étranger

Les grandes **séries** ne sont pas produites qu'aux États-Unis, qui excellent depuis des années. Des séries françaises sont aussi très connues dans le monde :

Le Bureau des légendes

Arrivée sur le **petit écran** en 2015, la série a gagné de nombreuses récompenses durant ses cinq **saisons**. Son succès dans l'Hexagone lui a permis de conquérir l'Amérique : le New York Times la décrit comme une **fiction** « **intelligente** ».

Les revenants

C'est la série française numéro 1 dans le monde. Après un grand succès en France, elle s'est exportée dans quarante pays. Il y a eu une **adaptation** américaine, *The Returned*, malheureusement annulée au bout d'une saison par manque d'**audience**.

Engrenages

Au total, la série a été **diffusée** dans quatre-vingt-dix pays et elle est proposée dans le catalogue américain de Netflix. Elle a remporté l'Emmy Award de la meilleure série **dramatique**.

Fais pas ci, fais pas ça

Cette série **comique** a **cartonné** en Europe, mais aussi jusqu'en Chine et en Corée du Sud. La chaîne américaine ABC a même voulu adapter la série sous le titre *Don't do this, don't do that*, mais le projet n'a jamais vu le jour.

D'après Alexis Savona, *Ouest-France*, 28/07/2021

Les 10 mots-clés

Adaptation (n. f.) : action de refaire un film existant pour le proposer à un public différent, dans un autre pays. *Tu as vu l'adaptation américaine du film « Intouchables » ? Moi, je préfère l'original !*

Audience (n. f.) : totalité des personnes qui regardent un film, écoutent une émission de radio, etc. *Le film a eu une très grande audience, mais la presse l'a beaucoup critiqué.*

Cartonner (verbe intransitif familier) : avoir un très grand succès. *Les acteurs n'étaient pas du tout connus, pourtant cette série a cartonné dans le monde entier.*

Comique (adj.) : qui cherche à faire rire le public. *Pour me détendre, je préfère regarder un bon film comique.*

Diffuser (qqch) : passer une émission à la radio, un film à la télévision… « *Le*

Bureau des légendes » est une série diffusée sur Canal +.

Dramatique (adj.) : qui cherche à donner des émotions au public. *« La haine » est un film dramatique qui raconte l'histoire de trois jeunes de la banlieue parisienne.*

Fiction (n. f.) : livre, film... dont l'histoire est imaginaire. *Ce film est présenté comme une fiction, mais on y trouve des évènements qui se sont vraiment passés.*

Petit écran (expression) : désigne la télévision, par opposition au « grand écran », le cinéma. *Jean Dujardin était déjà une star du petit écran avant de faire du cinéma.*

Saison (n. f.) : groupe d'épisodes d'une série, qui passent généralement dans une année. *J'adore « Le Bureau des légendes », mais j'ai trouvé la saison 3 un peu longue.*

Série (n. f.) : film pour la télévision, découpé en épisodes plus ou moins nombreux, où on suit la même histoire avec les mêmes personnages. *Il y a trop de séries aujourd'hui, il faudrait des journées de 48 heures pour tout regarder.*

La problématique : les séries françaises peuvent-elles avoir du succès à l'étranger ?

En France, quatre séries sur cinq les plus regardées sont américaines. Depuis plusieurs années, les séries françaises essaient d'augmenter leur audience dans l'Hexagone et à l'étranger. D'abord, elles deviennent plus « professionnelles » en proposant une qualité proche du cinéma. Ensuite, elles essaient d'aborder des sujets plus universels qui peuvent intéresser des publics étrangers. D'autres séries vont plus loin : elles sont directement jouées en anglais pour s'exporter plus facilement ! Il faut dire que les résultats sont là : de plus en plus de séries françaises sont suivies dans le monde. Mais les fictions américaines continueront à dominer encore longtemps.

La fréquentation des cinémas (B2)

Les Français vont moins au cinéma à cause des plateformes, selon une étude

La crainte des professionnels du cinéma est justifiée. La crise sanitaire qui a débuté en mars 2020 a bien eu des effets sur la **fréquentation** des salles de cinéma : 41 % des inscrits à un service de vidéos par **abonnement** vont moins souvent – ou même plus du tout pour certains – au cinéma, selon une étude de l'Ifop. Comparé à la période d'avant la pandémie, le nombre d'**entrées** connaît une baisse de 30 à 35 %. Tous les services de **vidéo à la demande** par abonnement (SVOD) comme Netflix, Disney+ ou Prime sont donc bien une véritable **concurrence** aux cinémas.

Si on prend les choses dans l'autre sens, il peut être rassurant de voir que 54 % des abonnés à l'une des **plateformes** de SVOD disent ne pas avoir changé leurs habitudes de fréquentation des **salles obscures**. Ils sont même 5 % à y aller plus souvent. Cependant, ils sont 12 % à avouer les avoir totalement **désertées** depuis qu'ils ont accès à des catalogues de films énormes sans avoir besoin de quitter leur domicile.

Mais, la raison qui pousse de plus en plus de monde vers Netflix et les autres plateformes de **streaming**, c'est l'intérêt grandissant du public pour les séries. Si seulement 4 % des personnes interrogées sont abonnées exclusivement pour elles, 56 % des jeunes utilisent ces services « essentiellement » pour **visionner** des séries et « parfois » des films.

D'après Adrien Toffolet et Alexis Demeyer, *France Inter*, 17/05/2022

Les 10 mots-clés

Abonnement (n. m.) : contrat qui permet l'utilisation – souvent en quantité illimitée – d'un service pour une durée déterminée. *Si tu prends un abonnement mensuel à 3 ou 4 services, cela finit par coûter cher.*

Concurrence (n. f.) : opposition avec d'autres personnes ou entreprises qui recherchent le même but. *Malgré la concurrence entre les salles de cinéma, le prix des tickets reste élevé.*

Déserter (qqch) : ne plus aller dans un lieu. *Avec le beau temps, le public a déserté les musées et les cinémas.*

Entrée (n. f.) : accès à un spectacle, un film, etc. *Aujourd'hui, un film français ne fait que 200 000 entrées en moyenne.*

Fréquentation (n. f.) : ensemble des personnes qui visitent un lieu pendant une durée précise. *La fréquentation du musée a augmenté l'année dernière : nous avons accueilli plus de 300 000 visiteurs.*

Plateforme (n. f.) : système de partage de contenus sur Internet. *Deezer est une plateforme française qui permet d'écouter de la musique.*

Salles obscures (expression) : salles de cinéma. *À cause de l'épidémie de Covid, les salles obscures sont restées fermées pendant 300 jours.*

Streaming (n. m.) ou diffusion en flux continu (traduction française officielle, mais encore très peu employée) : système de diffusion continue et en direct de contenus sur Internet. *Tu préfères copier un film sur ton ordinateur ou le regarder en streaming ?*

Vidéo à la demande (expression) : système qui permet de regarder des vidéos à tout moment, quand on le souhaite. *La télévision a perdu beaucoup d'audience avec l'arrivée de la vidéo à la demande.*

Visionner (qqch) : regarder quelque chose sur un écran. *Mon fils passe son temps à visionner des séries au lieu de travailler à l'école.*

La problématique : les cinémas risquent-ils de disparaître ?

Tous les professionnels le disent : le cinéma va mal. En cause tout d'abord, le prix des places. Pour beaucoup de monde, le grand écran est devenu un luxe. Ensuite, les spectateurs se plaignent du manque de choix : entre les films d'action américains et les comédies françaises répétitives, ils ne trouvent plus beaucoup de films à leur goût. Mais ce qui fait le plus de mal aux salles obscures, c'est la concurrence des plateformes et la qualité des équipements à domicile : on préfère aujourd'hui visionner dans son salon une bonne série entre amis. Si le cinéma n'est pas près de disparaître, il devra proposer du nouveau pour inciter les spectateurs à revenir.

Le livre audio (B2)

Le boom des livres audio : « écouter un livre, c'est vraiment lire »

L'intérêt pour l'audiolivre ne cesse d'augmenter. On fait le point avec Valérie Levy-Soussan, directrice d'Audiolib.

Écouter un livre audio, est-ce tricher ?

Un livre audio, c'est l'**enregistrement** de la lecture par un comédien d'un livre **imprimé**. On dit souvent que le livre audio, ce n'est pas vraiment lire, que c'est une lecture pour paresseux. Le problème c'est que des gens ont du mal à lire, qu'ils soient allergiques à la lecture ou qu'ils soient **déficients visuels**.

Quels sont les avantages du livre audio ?

Il facilite l'accès à la lecture, en particulier d'un point de vue pédagogique. L'émotion que suscite une lecture **transmise** par la voix va permettre à l'**auditeur** de rentrer facilement dans le livre ou d'apprendre mieux. Il y a aussi le fait de pouvoir faire autre chose : quand on conduit ou qu'on effectue une tâche répétitive, on peut **s'évader** en apprenant ou en **se distrayant**.

Quel profil de lecteurs ?

Le livre audio **s'est démocratisé** grâce au smartphone, qui permet de **télécharger** les livres. On voit arriver une clientèle plus jeune, entre 18 et 25 ans.

Quelles tendances ?

Il y a quelques années, c'étaient plutôt des livres autour de la méditation. Les romans policiers ont toujours été très appréciés, notamment *Millenium :* c'est une écoute qui est très **entraînante**. Aujourd'hui, on observe une tendance vers la science-fiction.

D'après *RTBF*, 25/08/2021

Les 10 mots-clés

Auditeur, auditrice (nom) : personne qui écoute un livre, une émission de radio, etc. *Les auditeurs de livres sont de plus en plus jeunes.*

Déficient visuel (expression) : personne qui n'a pas une vue normale. *Au début, les livres audio étaient surtout destinés aux déficients visuels.*

Démocratiser (se) : devenir accessible à beaucoup plus de monde. *Le tennis est un sport qui s'est beaucoup démocratisé ces dernières années.*

Distraire (se) : passer du temps à une activité agréable. *De nombreux Français aiment se distraire en jouant aux mots croisés.*

Enregistrement (n. m.) : fait de fixer des sons ou des images sur un support matériel pour les conserver. *On a retrouvé des anciens enregistrements de* *musique traditionnelle.*

Entraînant (adj.) : tellement intéressant que cela donne envie de commencer ou de continuer une action. *Dans la salle, tout le monde trouvait la musique entraînante : certains ont même dansé.*

Évader (s') : oublier la réalité pendant un moment. *La science-fiction est un genre qui permet de s'évader du quotidien.*

Imprimé (n. m. ou adj.) : livre publié sur un support matériel, généralement du papier. *Lire un imprimé ou écouter un audiolivre, ce n'est pas du tout la même activité.*

Télécharger (qqch) : copier sur un ordinateur un document partagé sur Internet. *Paul a téléchargé la saison 3 du « Bureau des légendes » et il nous invite à la visionner avec lui.*

Transmettre (qqch à qqn) : faire passer, communiquer (une émotion, un message...) à une autre personne. *L'émotion d'un personnage de roman n'est pas facile à transmettre par la voix.*

La problématique : le livre audio pourrait-il remplacer la lecture ?

L'audiolivre a largement développé son audience, notamment grâce à la plateforme Audible. Ce format plaît parce qu'il permet d'occuper le temps passé dans les transports. C'est aussi une manière de retrouver un plaisir d'enfant, lorsqu'un adulte nous racontait des histoires. D'ailleurs, de plus en plus de parents écoutent des livres en famille, car ils permettent de réduire le temps passé devant les écrans. Mais, il ne faudrait pas confondre l'écoute et la lecture d'un livre. Le niveau d'attention nécessaire n'est pas le même et... le format audio ne permet pas d'améliorer l'orthographe !

Testez-vous !

Vous préférez la version interactive du test ? Rendez-vous à cette adresse :

communfrancais.com/ressources/les-mots-de-linfo-b1-b2/quiz-loisirs/

Niveau B1

1. Quels mots-clés permettent de parler de la cuisine de rue ?

   a. Mets
   b. Comique
   c. Catalogue
   d. Dégustation

2. Quelles sont les traductions de *food truck* utilisées en France ?

   a. Camion-cantine
   b. Camion-bouffe
   c. Camion-restaurant
   d. Bus gastronomique

3. « Quand je veux faire plaisir à mes enfants, je leur .... un gâteau au chocolat. »

   a. Déguste
   b. Régale
   c. Rassemble
   d. Confectionne

4. « Goûte ce samoussa : tu vas te .... ! »

   a. Manger
   b. Régaler
   c. Rassembler
   d. Diffuser

5. Cette année, la .... en cuisine de rue est aux .... naturelles.

   a. Tendance / saveurs
   b. Mode / mets
   c. Bouffe / aliments
   d. Confection / gastronomies

6. Cherchez l'intrus.

a. Saisonnière
b. Comique
c. Dramatique
d. Policière

7. « Ne crois pas tout ce qu'ils racontent dans la série, ce n'est qu'.... ! »

a. Une saison
b. Une réalité
c. Une audience
d. Une fiction

8. Les romans de Victor Hugo ont souvent été .... pour ....

a. Adaptés / le petit écran
b. Produits / le cinéma
c. Diffusés / la science-fiction
d. Les 3 réponses ci-dessus sont incorrectes.

9. En France, les séries policières font beaucoup ....

a. De dégustations
b. D'audience
c. De tickets
d. D'écrans

10. La série coréenne « Squid Game » a fait .... dans le monde entier.

a. Un grand écran
b. Un film
c. Un échec
d. Un carton

Niveau B2

1. Quels mots-clés permettent de parler de la fréquentation des cinémas ?

a. Entrée
b. Déserter
c. Auditeur
d. Émission

2. Quelles expressions désignent le cinéma ?

a. Dans la grande fenêtre
b. Sur le grand écran
c. Dans les salles obscures
d. Les 3 réponses ci-dessus sont correctes.

3. Les salles de cinéma sont de moins en moins ....

a. Abonnées
b. Fréquentées

c. Enregistrées
d. Visionnées

4. Netflix est .... de vidéo à la demande par ....

a. Une plateforme / abonnement
b. Un magasin / mois
c. Un service / concurrence
d. Les 3 réponses ci-dessus sont incorrectes.

5. « Ma connexion Internet est trop lente, j'ai du mal à visionner une série en .... »

a. Direct
b. Streaming
c. Diffusion en flux continu
d. Les 3 réponses ci-dessus sont correctes.

6. Cherchez l'intrus.

a. Écouté
b. Téléchargé
c. Enregistré
d. Imprimé

7. « Quand je ne vais pas bien, j'écoute une histoire entraînante pour .... » (2 réponses)

a. Me démocratiser
b. M'évader
c. M'abonner
d. Me distraire

8. Le livre audio était destiné aux .... avant de ....

a. Auditeurs / Se lire
b. Déficients visuels / se démocratiser
c. Lecteurs / se télécharger
d. Comédiens / se transmettre

9. La lecture d'un .... peut aussi .... beaucoup d'émotions.

a. Imprimé / transmettre
b. Livre / distraire
c. Dictionnaire / abonner
d. Les 3 réponses ci-dessus sont correctes.

10. « J'ai acheté .... des *Misérables* de Victor Hugo et je l'ai .... sur mon téléphone portable. »

a. Un exemple / entraîné
b. Un enregistrement / téléchargé
c. Une édition / évadée
d. Un film / imprimé

Les mots du tourisme

Des idées de destinations (B1)

Top 5 des destinations pas chères en 2022

Vous recherchez une destination pas chère en Europe ? Suivez notre guide !

1. La Croatie

La Croatie est une bonne option pour voyager sans **dépenser** trop. Vous pourrez profiter des superbes plages d'avril à octobre. Ensuite, vous **vous baladerez** dans les plus belles villes de Croatie : Split, Dubrovnik, etc.

2. Les Cyclades

Les Cyclades comptent pas loin de 250 îles : vous aurez le choix ! Si vous souhaitez vous sentir **dépaysé** sans partir loin de chez vous, c'est une excellente destination pour des vacances **inoubliables**.

3. L'Algarve

Située au sud du Portugal, cette région dispose d'un climat idéal toute l'année. Si vous souhaitez **vous y rendre** par avion, vous devrez atterrir à Faro. De nombreuses compagnies **desservent** cet aéroport toute l'année pour des prix peu élevés.

4. La Sardaigne

Cette île est idéale pour se détendre et pratiquer des activités nautiques. Question **budget**, vous trouverez des appartements à des prix très **abordables** de septembre à mai.

5. La Bulgarie

De nombreux lieux sauront vous séduire en Bulgarie, à commencer par sa capitale Sofia. Vous pourrez aussi pendant la saison estivale vous baigner dans les **stations balnéaires** telle que Varna. Pour **l'hébergement**, vous trouverez des hôtels 3 étoiles à 30 euros par nuit.

D'après *Destination pas chère*, 10/01/2022

Les 10 mots-clés

Abordable (adj.) : qui n'est pas cher. *Cette année, je pars dans le nord de la France, où le prix des locations est plus abordable.*

Balader (se) : aller à l'extérieur pour voir des choses, pour le plaisir. *Ce week-end, je me suis baladé dans la forêt de Fontainebleau.*

Budget (n. m.) : somme d'argent réservée pour un projet. *Cette année, mon budget vacances n'est pas suffisant pour partir à l'étranger.*

Dépayser (qqn) : changer l'environnement et les habitudes de quelqu'un. *Si tu veux être dépaysé, pars en Asie. Tu verras, tout est différent.*

Dépenser (qqch) : utiliser une somme d'argent pour un achat ou un service.

Cet été, je ne pourrais pas dépenser plus de 1000 euros pour mes vacances.

Desservir (qqch) : rendre accessible par un moyen de transport. *La capitale est bien desservie par les transports en commun.*

Hébergement (n. m.) : lieu pour habiter. *Le problème à Paris, c'est l'hébergement : les tarifs sont élevés pour les hôtels et les locations.*

Inoubliable (adj.) : qui restera toujours dans la mémoire, dans les souvenirs. *Au Pérou, j'ai vu des paysages inoubliables.*

Rendre (se) : aller dans un endroit. *Pour te rendre au temple d'Angkor, tu peux prendre un bateau rapide.*

Station balnéaire (expression) : lieu de vacances situé au bord de la mer. *Je n'aime pas trop les stations balnéaires. Je préfère les vacances à la montagne.*

La problématique : comment voyager pas cher ?

Avec le développement de l'avion, en particulier des compagnies à bas coûts (*low cost*), les voyages à l'étranger sont devenus plus abordables. Depuis longtemps, L'Europe du Sud est une destination très prisée des Français, mais des pays d'Europe de l'Est (Croatie, Bulgarie...) s'ouvrent de plus en plus au tourisme. Ils attirent les visiteurs grâce à un coût de la vie beaucoup moins élevé qu'en France. Pourtant, à cause de l'épidémie de Covid, de nombreux Français ont choisi de passer leurs vacances dans l'Hexagone, souvent même près de chez eux. On parle alors de *tourisme de proximité*.

L'influence des réseaux sociaux (B1)

TikTok, nouveau guide de poche

Selon une étude marketing, 77 % des utilisateurs déclarent que TikTok leur a **inspiré** une destination. 74 % des utilisateurs trouvent que les contenus autour du voyage sont **créatifs**.

C'est bien cette dynamique que TikTok a exploitée avec sa première campagne sur le thème du voyage, lancée en 2019 : #MonCoinSecret. La communauté française était invitée à partager les **trésors** cachés du territoire, pour encourager le tourisme de proximité. Aujourd'hui, le hashtag totalise plus de 9,6 millions de vues et plein de **bons plans** partagés par des voyageurs amoureux de leur région.

Pour les utilisateurs, TikTok c'est surtout une ouverture sur le monde et une opportunité unique de partir à la **découverte** de cultures locales. La gastronomie, les produits **typiques**, les lieux **insolites**... font la richesse des contenus à parcourir dans l'application.

Les créateurs, eux, ont très vite adopté les codes du réseau social pour apporter un regard neuf sur leurs expériences de voyage. Ils partagent avec leur communauté des **astuces** pour trouver des séjours, inspirer des destinations, **s'amusent** à raconter leurs **anecdotes** de voyage et nous ouvrent à de nouvelles façons de voyager.

D'après *Tendance Hôtellerie*, 13/10/2021

Les 10 mots-clés

Amuser (s') : avoir une activité qui n'est pas sérieuse, pour le plaisir. *J'ai emmené mes enfants à la piscine hier. Nous nous sommes beaucoup amusés.*

Anecdote (n. f.) : petite histoire vécue, souvent racontée pour faire rire. *Mon voyage en Égypte était géniale. J'ai plein d'anecdotes à te raconter.*

Astuce (n. f.) : manière de sortir d'une difficulté, d'obtenir un bon résultat. *Elle a une astuce pour trouver des vols moins chers.*

Bon plan (expression) : information, idée pour payer moins cher. *Tu as des bons plans pour Madrid ? J'y vais le mois prochain.*

Créatif (adj.) : qui a des idées originales, beaucoup d'imagination. *J'aime bien regarder les vidéos de danse sur TikTok. Elles sont souvent très créatives.*

Découverte (n. f.) : action de voir ou de trouver quelque chose de nouveau. *Les marchés flottants sur le Mékong, c'était pour nous une belle découverte.*

Insolite (adj.) : qui n'est pas habituel, qui provoque la surprise. *Avec ses montagnes au milieu de la mer, la baie d'Halong est un lieu très insolite.*

Inspirer (qqn) : donner des idées, des envies à quelqu'un. *Le Nord ne m'inspire pas beaucoup pour les vacances. Il doit faire froid là-bas.*

Trésor (n. m.) : chose de grande valeur. *La Normandie est une région qui compte beaucoup de trésors architecturaux et gastronomiques.*

Typique (adj.) : particulier, spécial à un pays, une ville, une région... *La carbonnade est un plat typique de la cuisine belge.*

La problématique : sommes-nous trop influencés par les réseaux sociaux ?

Les réseaux sociaux ont transformé notre manière de voyager. D'abord, c'est une excellente source d'information pour préparer un voyage et trouver les bons plans. Ensuite, nous avons pris l'habitude de partager nos meilleurs moments de voyage avec nos proches ou publiquement. Mais l'aspect négatif, c'est que les réseaux sociaux encouragent l'imitation : l'expérience n'est plus vraiment personnelle, parce que tout le monde fait les mêmes photos sur les mêmes sites touristiques. Plus grave : un lieu peut devenir une tendance et attirer des milliers de touristes en très peu de temps. On voit les conséquences sur l'environnement et ses habitants !

Le tourisme responsable (B2)

5 façons de pratiquer le tourisme responsable

1. L'écotourisme

Ce mode de tourisme sensibilise les voyageurs à l'écosystème autour des habitats et au respect de l'environnement. Accompagnées d'un guide local, les visites ont une valeur éducative : elles permettent de découvrir une réserve naturelle, d'étudier la **faune** et la **flore**, etc.

2. L'agrotourisme

Loger dans une exploitation agricole est une option très tendance. Si vous recherchez du calme, une **excursion** à la campagne vous enchantera. Imaginez : une **maison d'hôte** au milieu des vignes ou d'un champ d'oliviers, le chant des oiseaux ou des cigales... Dépaysement garanti !

3. Le tourisme solidaire

Vivre en immersion chez l'habitant, **contribuer** au développement des territoires, telle est sa vocation. Les activités proposées s'intéressent aux coutumes de la communauté locale, à sa gastronomie... Une partie du coût du voyage sert à **financer** la création d'emplois.

4. Le tourisme humanitaire

La transmission de connaissances et l'aide au développement sont au cœur du tourisme humanitaire. Il permet de **s'impliquer** auprès des populations. Les actions visent l'accès à l'éducation et l'amélioration des conditions de vie. Votre temps sert des projets **altruistes**.

5. Le tourisme lent

Enchaîner les destinations, ce n'est pas votre truc ? Vous préférez prendre le temps de vous **imprégner** des lieux et des gens, à pied ou à vélo. Ce mode de voyage invite à la **flânerie**. Pas de programme chargé ni d'avion à prendre, il correspond au voyageur à la recherche d'authenticité.

D'après Mehdi Ramzi, *TourMaG*, 13/04/2022

Les 10 mots-clés

Altruiste (adj.) : qui aide les autres sans rien attendre en échange. *Les comportements altruistes sont rares chez les touristes qui ne pensent qu'à leur plaisir.*

Contribuer (à qqch) : aider à la réalisation de quelque chose. *Ce compte Instagram contribue à faire connaître des régions peu visitées.*

Excursion (n. f.) : action de visiter un lieu, une région... *Avec mon école, nous avons fait une excursion d'une journée à Paris.*

Financer (qqch) : donner de l'argent pour un projet. *L'argent récolté* *servira à financer la construction d'une école.*

Faune (n. f.) : ensemble des animaux d'une région. *Dans la forêt près de chez moi, la faune a disparu à 80 %.*

Flânerie (n. f.) : action de se promener lentement et sans but, en regardant les choses. *On a visité 4 musées en une journée : pas le temps pour la flânerie !*

Flore (n. f.) : ensemble des fleurs et des plantes d'une région. *On a fait de la plongée sous-marine pour observer la flore aquatique.*

Impliquer (s') : être très actif dans la réalisation d'un projet. *Il s'implique beaucoup dans son association de tourisme durable.*

Imprégner (s') : prendre le temps d'observer, se laisser influencer par quelqu'un ou quelque chose. *J'adorerais passer une nuit en forêt pour m'imprégner de la nature.*

Maison d'hôte (expression) : type de logement touristique où on habite chez un propriétaire qui loue des chambres. *La maison d'hôte est plus enrichissante que l'hôtel : en prenant vos repas avec l'habitant, vous apprenez plein de choses sur la région.*

La problématique : comment encourager un tourisme plus responsable ?

Les impacts négatifs du tourisme de masse sont maintenant bien connus. Les moyens de transport et la grande fréquentation de certains sites entraînent une forte pollution environnementale. L'activité touristique crée de l'emploi, mais elle provoque également une hausse du coût de la vie qui touche les populations locales. C'est pourquoi il est devenu nécessaire d'encourager d'autres modes de tourisme plus respectueux des environnements. Aujourd'hui, l'offre est assez large : écotourisme, agrotourisme... mais elle ne touche pas encore un grand public, à cause des coûts encore élevés et du manque de conscience concernant la protection de la planète.

La préservation du patrimoine (B2)

Pourquoi les bruits et les odeurs pourraient entrer au patrimoine de la campagne

Inscrire le chant du coq au **patrimoine** français ? La proposition du député Pierre Morel-A-L'Huissier est très sérieuse. Ce défenseur de la **ruralité** propose une loi visant à « protéger le patrimoine **sensoriel** des campagnes », alors que des bruits et des odeurs sont de plus en plus considérés comme des **nuisances**.

Depuis quelques années, Pierre Morel-A-L'Huissier était choqué de lire dans la presse des cas de **litiges** inhabituels. « Le déclencheur, c'est cette histoire en Lozère, en août 2018, raconte-t-il. Des vacanciers logés dans une maison d'hôte ont **porté plainte** parce qu'ils ne supportaient pas la cloche de l'église. Quelques jours après dans le Var, des touristes **incommodés** par les cigales ont demandé de les supprimer avec des insecticides ! » Le député décide alors de proposer une loi.

Une protection qui **dissuadera** certainement les plaintes pour nuisances **olfactives** ou sonores, dont certaines ont eu un écho national. En 2019, le coq Maurice était devenu un symbole des traditions rurales à cause de plaintes lancées par des voisins contre les cocoricos matinaux. Avec cette loi, chaque territoire aurait droit à un **inventaire** des odeurs et des sons qui le caractérisent. Une fois ces sensations inscrites au patrimoine sensoriel, si un juge reçoit une plainte, il pourra dire « attention, vous êtes dans un territoire où vous deviez savoir avant de venir qu'il y a certaines identités à respecter. »

D'après Laure Cometti, *20 minutes*, 21/01/21

Les 10 mots-clés

Dissuader (qqn ou qqch) : pousser quelqu'un à ne pas faire quelque chose. *Je l'ai dissuadé de partir en Sardaigne en été : il y fera beaucoup trop chaud.*

Incommoder (qqn) : déranger quelqu'un physiquement. *Les cyclistes sont incommodés par la fumée des voitures.*

Inventaire (n. m.) : action de faire une liste des biens qui appartiennent à une communauté, un magasin, etc. *Le supermarché est fermé, car c'est un jour d'inventaire.*

Litige (n. m.) : conflit qui amène à un procès en justice. *Les litiges entre les touristes et les habitants sont de plus en plus fréquents.*

Nuisance (n. f.) : phénomène qui a des conséquences négatives sur la qualité de vie. *Il ne faut pas craindre les nuisances sonores si on veut séjourner à Paris.*

Olfactif (adj.) : qui concerne le sens de l'odorat. *Il faut s'attendre à des* *nuisances olfactives si on habite au-dessus d'un restaurant.*

Patrimoine (n. m.) : ensemble des biens conservés (par une famille, un pays...) pour être transmis aux prochaines générations. *Le chant du coq appartient désormais au patrimoine culturel français.*

Porter plainte (expression) : aller à la police pour rapporter une action dont on est la victime. *Porter plainte contre le chant d'un coq, ce n'est vraiment pas banal !*

Ruralité (n. f.) : ensemble des caractéristiques de la vie à la campagne. *La ruralité a besoin d'être défendue face aux citadins qui veulent imposer leur mode de vie.*

Sensoriel (adj.) : qui concerne les 5 sens. *Fêtes tardives, barbecues... le tourisme provoque des nuisances sensorielles pour les habitants.*

La problématique : les conflits entre touristes et habitants sont-ils inévitables ?

Depuis la publication de l'article, la loi visant à préserver le patrimoine sensoriel est passée. Les bruits et les odeurs des campagnes sont désormais protégés par le droit français. Personne n'osera plus toucher au coq, ce symbole national ! Mais comment une telle loi a-t-elle pu devenir nécessaire ? Le comportement de certains touristes – et de citadins qui partent vivre à la campagne – est en cause. En voulant imposer leur mode de vie et en faisant des procès pour tout et n'importe quoi, ils rencontrent l'opposition des ruraux qui défendent leur identité. Mais les touristes devraient d'abord penser à ne pas créer eux-mêmes de nuisances !

Testez-vous !

Vous préférez la version interactive du test ? Rendez-vous à cette adresse :

communfrancais.com/ressources/les-mots-de-linfo-b1-b2/quiz-tourisme/

Niveau B1

1. Cherchez l'intrus.

   a. Dépenser
   b. Abordable
   c. Héberger
   d. Budget

2. Située au bord de la Manche, la ville d'Étretat est .... balnéaire célèbre dans le monde entier.

   a. Une astuce
   b. Une anecdote
   c. Une capitale
   d. Une station

3. « Dans les villages espagnols, les maisons et les coutumes sont assez différentes, mais je n'ai pas été trop .... »

   a. Abordable
   b. Dépaysé
   c. Dépensé
   d. Les 3 réponses ci-dessus sont correctes.

4. C'est assez difficile de .... dans les quartiers Sud, parce qu'ils ne sont pas très bien ....

   a. Se rendre / desservis
   b. Se balader / hébergés
   c. Dépenser / amusés
   d. S'héberger / baignés

5. « Tu devrais faire .... sur les falaises : la vue est vraiment .... »

   a. Une dépense / desservie
   b. Une station / rendue
   c. Une promenade / dépaysée
   d. Une balade / inoubliable

6. Cherchez l'intrus.

   a. Banal
   b. Typique
   c. Insolite
   d. Amusant

7. « Quand j'ai besoin .... pour préparer un voyage, je vais chercher sur Instagram. »

   a. D'un bon plan
   b. D'une astuce
   c. D'une inspiration
   d. Les 3 réponses ci-dessus sont correctes.

8. « Nos guides vous emmèneront à .... des .... culturels de la capitale. »

   a. La création / monuments
   b. La visite / budgets
   c. L'anecdote / insolites
   d. La découverte / trésors

9. « Je cherche une idée de voyage pour l'été, mais je ne suis pas très .... »

   a. Inspiré
   b. Typique
   c. Découvert
   d. Les 3 réponses ci-dessus sont correctes.

10. Ce tiktokeur a une façon très .... de raconter ses .... de voyage.

   a. Insolite / typiques
   b. Créative / anecdotes
   c. Desservie / dépenses
   d. Astucieuse / négatifs

Niveau B2

1. Quelles sont les formes de tourisme responsable ?

   a. Le tourisme solidaire
   b. L'écotourisme
   c. L'agrotourisme
   d. Le tourisme de masse

2. Le tourisme humanitaire demande des qualités comme .... et le dévouement.

   a. L'altruisme
   b. L'excursion
   c. La finance
   d. L'égoïsme

3. L'hébergement en maison d'hôte permet de mieux .... des habitants d'une région.

a. S'impliquer
b. S'imprégner
c. Contribuer
d. Flâner

4. L'écotourisme permet de découvrir la faune et la flore d'une région.

a. VRAI
b. FAUX

5. « J'aimerais .... dans le tourisme humanitaire, mais je n'ai pas encore de .... »

a. Contribuer / maison d'hôte
b. Flâner / budget
c. M'impliquer / financement
d. Les 3 réponses ci-dessus sont correctes.

6. Quels mots-clés permettent de parler de la préservation du patrimoine ?

a. Inventaire
b. Immersion
c. Amusement
d. Sensoriel

7. « Si le bruit vous .... à ce point, je vous conseille d'aller vivre dans le désert ! »

a. Porte plainte
b. Télécharge
c. Recrute
d. Incommode

8. Le chant du coq et l'odeur des vaches sont des sources de nuisances olfactives.

a. VRAI
b. FAUX

9. Lorsqu'ils viennent en vacances, les .... doivent respecter les caractéristiques de ....

a. Citadins / la ruralité
b. Ruraux / la campagne
c. Litiges / la dissuasion
d. Les 3 réponses ci-dessus sont correctes.

10. « Il voulait .... contre le maire, mais je l'en ai .... »

a. Incommoder / incité
b. Nuire / imprégné
c. Imposer / contribué
d. Porter plainte / dissuadé

Les mots de la consommation

Le pourboire (B1)

Bientôt la fin du pourboire ?

Le **pourboire**, que donne le client au serveur pour le remercier de la qualité de son travail, est un complément de revenu important pour le serveur. Mais il ne doit pas être confondu avec le service, qui était **facturé** au client en plus de l'addition, jusqu'à une loi de 1987. Aujourd'hui, le service – comme les taxes – est **inclus** dans les prix affichés sur la carte.

L'**usage** veut qu'un client **satisfait** par le service laisse 5 % du **montant** de la **note** au serveur. Cela n'a rien d'**obligatoire** mais, selon un sondage, 96 % des Français seraient prêts à donner quelques pièces à un serveur **aimable**.

Pourtant, c'est un **geste** que l'on fait de plus en plus rarement sur les terrasses des cafés. La cause ? Les nouveaux moyens de paiement : la carte de crédit et le paiement sans contact se généralisant, les clients ont de moins en moins d'espèces sur eux. De plus, les habitudes des consommateurs changent : aujourd'hui ils préfèrent laisser un commentaire sur une application. Une forme de récompense appréciée sans doute, mais qui n'aide pas beaucoup le serveur à compléter son salaire !

D'après *France 3*, 12/06/2020

Les 10 mots-clés

Aimable (adj.) : qui est très poli dans ses relations avec les autres. *C'est un commerçant toujours très aimable avec la clientèle.*

Facturer (qqch à qqn) : faire payer une somme d'argent à quelqu'un. *Le garagiste m'a facturé des réparations que je n'ai pas demandées !*

Faire un geste (expression) : petite action pour aider quelqu'un. *Tu pourrais faire un geste pour ton frère : c'est une période très difficile pour lui.*

Inclus (adj.) : qui est déjà dans quelque chose. *Le loyer de mon appartement est un peu élevé, mais l'eau et l'électricité sont incluses.*

Montant (n. m.) : somme d'argent. *En France, le montant du salaire minimum est de 1300 euros par mois.*

Note (n. f.) : addition, somme totale à payer dans un café, un restaurant... *En France, on a l'habitude de partager la note entre amis.*

Obligatoire (adj.) : qui doit être fait, qui est nécessaire. *Si vous louez un appartement, il est obligatoire de prendre une assurance habitation.*

Pourboire (n. m.) : somme d'argent supplémentaire donnée à un professionnel pour le remercier de son travail. *Hier, j'ai vu un client laisser 50 euros de pourboire au serveur d'un restaurant.*

Satisfait (adj.) : qui a eu le service qu'il attendait. *Les clients n'étant pas* *satisfaits, le patron a accepté de rembourser la moitié du montant de l'addition.*

Usage (n. m.) : ensemble des comportements et actions habituels dans un groupe ou une société. *Au Vietnam, ce n'est pas l'usage de prendre un apéritif avant le repas.*

La problématique : le pourboire va-t-il disparaître ?

Le pourboire est un geste très culturel : obligatoire aux États-Unis, conseillé en Italie, très conseillé en République Tchèque où il peut monter jusqu'à 15 % de la note... Mais dans tous les cas, c'est un revenu important pour les serveurs qui ont raison de s'inquiéter. Avec les cartes bancaires, les pièces de monnaie deviennent rares dans nos poches. C'est pourquoi certains patrons de café ou de restaurant cherchent des moyens plus modernes pour compléter le revenu du personnel. Par exemple, il existe des applications qui permettent d'envoyer un pourboire sur le téléphone d'un serveur via un QR code.

La revente de vêtements (B1)

Une seconde vie pour les vêtements d'enfants avec Une Nouvelle Histoire.

À Fouesnant (Finistère), Mylène Nicolas a créé un site internet qui vend des vêtements d'enfants **d'occasion** : Une Nouvelle Histoire.

Pourquoi avez-vous créé Une Nouvelle Histoire ?

Maman de deux petites filles, je sais que c'est un gros budget d'habiller ses enfants, alors qu'ils ne portent pas les **habits** très longtemps ! Et je vois bien la quantité de vêtements trop petits, peu **usés**, ou même neufs, que je garde dans les placards. Alors, j'ai créé une **boutique en ligne** de vêtements d'occasion **haut de gamme**, pour donner une seconde vie aux vêtements de nos enfants.

Que proposez-vous exactement ?

Je propose en ligne des vêtements et **accessoires** d'occasion pour enfants, de la naissance à 10 ans. Sur le site on peut acheter des vêtements de jolies marques, en parfait état, jusqu'à -70 % du prix neuf. Les commandes sont ensuite **emballées** et **expédiées** avec une petite surprise.

Comment ***récupérez****-vous les vêtements ?*

Les parents peuvent vendre les vêtements par **lot**. Pour gagner du temps, je me rends directement chez les gens qui habitent dans le Finistère. Les parents qui habitent hors du département peuvent m'envoyer les vêtements par Mondial Relay.

D'après *Ouest-France*, 27/12/2020

Les 10 mots-clés

Accessoire (n. m.) : objet (ceinture, chapeau...) porté en plus des vêtements. *Ma sœur a ouvert un magasin d'accessoires en centre-ville.*

Boutique en ligne (n. f.) : site Internet qui vend des produits ou des services. *Est-ce que tu connais une boutique en ligne qui vend des jeux de société ?*

Emballer (qqch) : mettre un objet dans un carton ou du papier pour le transporter. *Le téléphone est arrivé chez moi en mauvais état, parce qu'il était mal emballé.*

Expédier (qqch) : envoyer un objet par la poste ou par une société de transport. *Les vêtements sont expédiés gratuitement en 48 heures.*

Habits (n. m. pluriel) : ensemble des vêtements. *Va ranger tes habits dans le placard de ta chambre !*

Haut de gamme (expression) : produit de grande qualité et d'un prix élevé. *J'ai voulu acheter un ordinateur haut de gamme, mais c'était trop cher pour moi.*

Lot (n. m.) : groupe de produits vendus ensemble. *Tu devrais acheter des cartes postales par lot de 10, ça te coûterait moins cher.*

Occasion (d') (expression) : se dit d'un produit (vêtement, voiture...) qui n'est pas acheté neuf, qui a déjà été utilisé avant d'être revendu. *Cette année, c'est difficile de trouver des voitures neuves, alors les gens sont obligés d'acheter des véhicules d'occasion.*

Récupérer (qqch) : prendre ou acheter un objet déjà utilisé par une autre personne. *Cette association récupère les plats invendus dans les restaurants pour les donner aux personnes qui n'ont pas d'argent pour manger.*

User (qqch) : mettre un objet en mauvais état en l'utilisant beaucoup. *Ces chaussures commencent à être usées, il faut en acheter des neuves.*

La problématique : comment expliquer le succès des achats d'occasion ?

Le marché des biens d'occasion connaît un vrai boom en France. Longtemps réservé aux produits très chers (les voitures par exemple) et aux personnes qui n'ont pas beaucoup de revenus, il intéresse aujourd'hui une grande partie de la population. L'augmentation générale du coût de la vie est une première raison. Mais aujourd'hui, l'achat d'occasion est aussi motivé par le respect de l'environnement. On sait par exemple que l'industrie du textile est très polluante. C'est pourquoi de plus en plus de boutiques en ligne proposent de récupérer des vêtements pour les revendre.

L'argent liquide (B2)

Garder de l'argent liquide chez soi, un phénomène qui prend de l'ampleur en France

De plus en plus de **retraits**, de moins en moins de **dépôts** : voici ce qu'observe la Banque de France. Une tendance qui prend de l'ampleur depuis 2020. En mars 2012, le montant de l'**argent liquide détenu** par les ménages était de 132,5 milliards. En juin 2020, ce chiffre atteignait la somme record de 225 milliards d'euros... Soit environ 3 360 € par Français !

Bien que la carte bancaire remplace déjà une grande partie des **transactions** par chèque ou en liquide, les paiements en espèces ont encore de beaux jours devant eux. Billets et pièces sont particulièrement utiles pour l'achat d'objets d'occasion, pour prendre un café dans un distributeur ou lorsque l'on oublie sa carte bleue (ou son code !). Pour les seniors, les espèces restent d'ailleurs le premier moyen de paiement utilisé au quotidien.

Cependant, ce fonctionnement ne suffit pas à expliquer la détention de grosses sommes dans certaines maisons. Dans ce cas, il s'agit de garder de l'argent de côté sans le dépenser. Une pratique risquée : alors que l'argent conservé sur un **compte courant** ou un **livret d'épargne** est garanti jusqu'à 100 000 € par personne, les **économies** cachées sous le matelas ne sont pas sécurisées. Avec les bijoux, il s'agit des biens les plus recherchés par les **cambrioleurs**. Une situation dont les vendeurs de **coffres-forts** bénéficient : la marque Hartmann a connu une hausse de 40 % des ventes pendant l'année 2020.

D'après Émilie BOUET, *Ouest-France*, 24/02/2021

Les mots-clés

Argent liquide (expression) ou liquide (n. m.) : argent sous forme d'espèces (billets et pièces). *L'argent liquide est encore très utilisé pour acheter du pain.*

Cambrioleur, cambrioleuse (nom) : personne qui entre dans une maison pour voler. *La police a arrêté les cambrioleurs, mais les bijoux n'ont pas été retrouvés.*

Coffre-fort (n. m.) : meuble de métal servant à garder en sécurité de l'argent ou des objets de valeur. *Le coffre-fort se trouvait derrière un rideau du salon.*

Compte courant (n. m.) : compte bancaire permettant de recevoir et dépenser de l'argent dans la vie quotidienne. *On est seulement à la moitié du mois et je n'ai déjà plus d'argent sur mon compte courant.*

Dépôt (n. m.) : action de mettre de l'argent à la banque. *En France, le dépôt d'espèces à la banque est contrôlé : pour une somme supérieure à 8 000 euros, il faut obligatoirement justifier l'origine de l'argent.*

Détenir (qqch) : garder, posséder quelque chose. *Selon une étude, 78 % des Français détiendraient moins de 1 000 € à leur domicile.*

Économies (n. f. pluriel) : argent gardé en limitant les dépenses. *Cette année je ne sors pas beaucoup : je fais des économies pour partir en voyage dans un an ou deux.*

Livret d'épargne (n. m.) : type de compte bancaire où on laisse de l'argent pour gagner un pourcentage (2 % en moyenne) supplémentaire. *Mes parents m'ont ouvert un livret d'épargne à ma naissance : à ma majorité, cet argent m'a aidé à payer mes études.*

Retrait (n. m.) : action de prendre de l'argent à la banque (le contraire de **dépôt**). *De nombreux Français préfèrent effectuer des retraits au distributeur dans la rue.*

Transaction (n. f.) : contrat entre un acheteur et un vendeur. *Avant d'acheter en ligne, il faut vérifier que les transactions sont bien sécurisées.*

La problématique : l'argent liquide reste-t-il une valeur sûre ?

Avec l'épidémie de Covid, les paiements par carte ont fortement augmenté. De plus, les paiements en espèces sont limités par la loi française à 1 000 euros. Pourtant, l'argent liquide est loin de disparaître. Il est encore très utilisé pour les petits achats du quotidien. Mais ce qui est plus inattendu, c'est la tendance des Français à garder leurs économies à la maison au lieu de les placer sur un livret d'épargne. Il faut dire que les bénéfices sont très bas (2 % en moyenne). Il y a peut-être également, dans cette période de crise qui fait peur, une perte de confiance dans le système bancaire.

L'autoproduction (B2)

L'autoproduction alimentaire, un phénomène de masse aux bénéfices multiples

Selon une enquête commanditée par la chaîne de magasins Gamm vert, 30,5 millions de Français, soit 67 % de la population âgée de 18 à 75 ans, pratiquent au moins une activité d'autoproduction alimentaire. Plus précisément, ils sont 27,4 millions à **cultiver** des fruits et des légumes, 16,9 millions à fabriquer des **conserves**, tandis que 3 % sont **apiculteurs**.

Pouvoir consommer des aliments frais et **sains** constitue la motivation dominante des autoproducteurs. Mais, l'autoproduction a aussi pour origine deux grandes tendances : d'une part l'intérêt croissant des Français pour le travail manuel, d'autre part un changement dans leur rapport à l'alimentation. Réduire sa dépendance vis-à-vis des entreprises motive 25 % des autoproducteurs. L'enquête montre par ailleurs un lien entre autoproduction et **préoccupations** environnementales.

Si l'économie n'est pas la motivation première, l'autoproduction est étroitement liée à la consommation et au budget alimentaire. Interrogés en janvier dernier, donc avant l'**inflation**, 87 % des autoproducteurs de fruits et légumes déclarent réaliser des économies grâce à leur production. 84 % des **éleveurs** de poules s'alimentent en grande partie grâce à ce qu'ils produisent.

Si 58 % des autoproducteurs déclarent pratiquer seuls, l'autoproduction est aussi une activité favorisant la sociabilité et la transmission. Passer du temps en famille dans le **potager** est une motivation très importante (25 %), de même qu'**éveiller** les enfants à certaines valeurs (23 %) et transmettre ses connaissances (17 %). Si 42 % des autoproducteurs se disent **autodidactes**, 35 % ont appris de leurs parents ou grands-parents et 24 % de leurs amis.

D'après Raphaël Lecocq, *Plein champ*, 02/06/2022

Les 10 mots-clés

Apiculteur, apicultrice (nom) : personne qui s'occupe d'abeilles pour produire du miel. *Il n'est pas facile de devenir apiculteur. Il vaut mieux suivre une formation avec un professionnel.*

Autodidacte (n. m. ou f.) : personne qui apprend seule, sans professeur. *Il a appris à jouer de la guitare en autodidacte.*

Conserve (n. f.) : aliment gardé dans une boîte pour le consommer plus tard. *Quand j'étais petit, ma grand-mère m'a appris à faire des conserves de confitures.*

Cultiver (qqch) : travailler la terre pour faire pousser des légumes, des fruits... *Dans notre jardin, nous cultivons des tomates, des choux et des* *haricots verts.*

Éleveur, éleveuse (nom) : personne qui s'occupe d'animaux domestiques pour produire des aliments. *Je peux avoir des œufs frais tous les jours grâce à un éleveur de poules près de chez moi.*

Éveiller (qqn à qqch) : faire découvrir quelque chose à quelqu'un. *En ville aussi, il est possible d'éveiller les enfants à la nature.*

Inflation (n. f.) : hausse générale et continue des prix. *En juillet 2022, la France a connu une inflation record de 6 %.*

Potager (adj. ou n. m.) : partie de jardin réservée aux fruits et légumes. *Nous ferons un petit potager sur le terrain qui se trouve derrière la maison.*

Préoccupation (n. f.) : souci, inquiétude pour quelque chose. *La protection de l'environnement est devenue une préoccupation pour de nombreux Français.*

Sain (adj.) : qui est bon pour la santé. *Je ne suis pas sûr que les produits bio soient aussi sains qu'on le prétend.*

La problématique : l'autoproduction est-elle une solution durable ?

Nos grands-parents jardinaient, nos parents un peu et nous... ? En trois générations, nous sommes devenus incapables de faire pousser nos aliments. Toutefois, de plus en plus de Français essaient d'inverser ce mouvement. L'autoproduction alimentaire est devenue une tendance forte, pour plusieurs raisons : économiques (inflation du prix des fruits et légumes), sanitaires (perte de confiance dans les produits industriels suite à des scandales), mais aussi personnelles (plaisir et fierté d'effectuer un travail manuel). Mais, pour se développer, l'autoproduction nécessite de la place, surtout en ville. C'est pourquoi des quartiers s'organisent pour offrir des jardins partagés à leurs habitants.

Testez-vous !

Vous préférez la version interactive du test ? Rendez-vous à cette adresse :

communfrancais.com/ressources/les-mots-de-linfo-b1-b2/quiz-consommation/

Niveau B1

1. Cherchez l'intrus.

   a. Usage
   b. Aimable
   c. Satisfait
   d. Obligatoire

2. En France, le pourboire est inclus dans la note.

   a. VRAI
   b. FAUX

3. Quel mot est synonyme de *note* ?

   a. Montant
   b. Addition
   c. Espèces
   d. Les 3 réponses ci-dessus sont correctes.

4. Si vous demandez un verre d'eau dans un café, il ne vous est pas ....

   a. Facturé
   b. Satisfait
   c. Aimable
   d. Expédié

5. « Le serveur a été très .... , tu pourrais faire .... ! »

   a. Obligatoire / une facture
   b. Satisfait / un usage
   c. Inclus / un pourboire
   d. Aimable / un geste

6. Quels mots-clés permettent de parler de la revente de vêtements ?

a. Habits
b. Lot
c. Département
d. Terrasse

7. Avant .... un produit au domicile d'un client, le commerçant doit bien ....

a. D'acheter / l'user
b. De récupérer / le préparer
c. D'user / l'expédier
d. D'expédier / l'emballer

8. Les boutiques en ligne vendent uniquement des biens d'occasion.

a. VRAI
b. FAUX

9. Quels objets sont utilisés comme accessoires ?

a. Pantalon
b. Casquette
c. Chaussures
d. Écharpe

10. « Je n'ai pas assez d'argent pour acheter une voiture .... »

a. Haut de gamme
b. Par lot
c. Emballée
d. De seconde vie

Niveau B2

1. Cherchez l'intrus.

a. Pièces
b. Carte
c. Espèces
d. Liquide

2. Cherchez les 2 mots de sens contraire.

a. Transaction
b. Retrait
c. Paiement
d. Dépôt

3. « Heureusement, les .... n'ont pas réussi à ouvrir .... »

a. Cambrioleurs / mon coffre-fort
b. Banquiers / mon liquide
c. Employés / mes retraits
d. Économies / mon inflation

4. « La semaine dernière, j'ai retiré tout mon argent de .... »

a. Mon coffre-fort
b. Mon compte courant
c. Mon livret d'épargne
d. Les 3 réponses ci-dessus sont correctes.

5. « Si vous .... beaucoup d'économies, je vous conseille de les placer .... »

a. Possédez / en retrait
b. Détenez / sur un livret d'épargne
c. Économisez / dans une conserve
d. Les 3 réponses ci-dessus sont correctes.

6. Cherchez l'intrus.

a. Serveur
b. Apiculteur
c. Éleveur
d. Cultivateur

7. « Avec les légumes de .... , je fais beaucoup .... »

a. Mon potager / de conserves
b. Mon éleveur / de confitures
c. Mon inflation / d'économies
d. Les 3 réponses ci-dessus sont correctes.

8. Le jardinage est une excellente activité .... pour les jeunes enfants.

a. D'apiculteur
b. De préoccupation
c. D'éveil
d. De consommation

9. Si de nombreux Français cultivent un jardin, c'est notamment pour consommer des légumes sains.

a. VRAI
b. FAUX

10. C'est assez difficile d'apprendre à .... des abeilles en ....

a. Cultiver / potager
b. Élever / autodidacte
c. Éveiller / apiculteur
d. Conserver / éleveur

Les mots des relations sociales et familiales

La colocation (B1)

Les colocations solidaires

Dans un grand appartement avec une personne âgée, dans une résidence universitaire, dans une maison avec d'autres étudiants... La **colocation solidaire** peut prendre différentes formes, avec un point commun : votre envie d'aider les autres et de **vous engager** pour la **collectivité**.

La colocation solidaire au service d'un projet

Géré par l'**association** L'ACLEF, le dispositif CoopColoc est disponible pour l'instant à Paris et à Bordeaux. Un **bailleur** confie un logement libre à l'association, qui vous le loue – meublé – pour un **loyer modéré**. En échange, l'association vous propose d'organiser des sorties pour enfants ou d'apporter du **soutien scolaire**.

La colocation solidaire pour lutter contre la solitude

Le principe est simple : on met en relation un(e) étudiant(e) et une personne âgée, qui partagent un logement, souvent celui de la personne âgée. L'avantage : un loyer modéré, comme pour toutes les colocations solidaires, mais aussi la **compagnie** d'une personne âgée, qui sera ravie de partager un peu de sa vie quotidienne. L'objectif est de lutter contre **la solitude** de certaines personnes âgées et en même temps de partager les frais de logement.

D'après *etudiant.gouv.fr*, 15/06/2021

Les 10 mots-clés

Association (n. f.) : groupe de personnes qui agissent pour un but commun. *En France, on trouve de nombreuses associations actives dans le domaine du sport.*

Bailleur (n. m.) : propriétaire qui loue son appartement à quelqu'un. *J'ai trouvé un nouvel appartement et j'ai rendez-vous demain avec le bailleur pour signer le contrat de location.*

Collectivité (n. f.) : groupe organisé de personnes habitant dans la même ville, région ou pays... *Il y a beaucoup de moyens d'être utile à la collectivité, en donnant du sang par exemple.*

Colocation (n. f.) : partager le loyer d'un appartement ou d'une maison entre plusieurs personnes. *Elle vit en colocation avec trois autres étudiantes.*

Compagnie (n. f.) : présence d'une ou plusieurs autres personnes. *Appelle-moi si tu as besoin de compagnie : je viendrai tout de suite.*

Engager (s') : participer à une action, généralement pour aider les autres. *Chaque année, des étudiants de notre université s'engagent pour la protection de l'environnement.*

Loyer modéré (expression) : se dit d'une location à un prix peu élevé, généralement grâce à une aide de l'État. *Les familles qui ont peu de revenus peuvent demander un logement à loyer modéré.*

Solidaire (adj.) : qui apporte une aide à d'autres personnes qui en ont besoin. *Dans notre entreprise, nous sommes très solidaires : n'hésitez pas à demander de l'aide si vous avez des difficultés.*

Solitude (n. f.) : état d'une personne qui vit seule, avec très peu de contacts. *La solitude des personnes âgées est un vrai problème en France.*

Soutien scolaire (expression) : aide apportée aux élèves qui ont des difficultés à l'école. *Le soutien scolaire, ce n'est pas seulement aider l'élève à faire ses exercices, c'est aussi lui donner des méthodes pour mieux apprendre.*

La problématique : la colocation solidaire est-elle faite pour moi ?

La colocation solidaire veut répondre à deux besoins : l'accès au logement pour les étudiants et l'aide à apporter aux personnes en difficulté. En effet, les loyers ont beaucoup augmenté ces dernières années, surtout dans les grandes villes. La colocation est alors une solution économique pour se loger. Lorsqu'elle est solidaire, la colocation est aussi un excellent moyen de se rendre utile à la collectivité. Toutefois, elle n'est pas faite pour tout le monde. Il faut aimer vivre avec d'autres personnes et avoir le temps, l'envie mais aussi la patience de s'engager dans des actions solidaires.

La famille recomposée (B1)

Le troisième dimanche de mai devient la Journée nationale des beaux-parents

Avant de devenir elle-même **belle-mère**, Valérie Roberts a eu des beaux-parents toute sa vie, puisque ses **parents biologiques** ont **divorcé** quand elle avait 6 ans.

C'est après la sortie de son livre *La blonde de papa* qu'elle a eu l'idée de créer une Journée des beaux-parents. « Grâce au livre, je me suis sentie **reconnue** et **valorisée** dans mon rôle de belle-mère. Et les lecteurs se sont trouvé moins seuls. Pourtant, c'est 1 famille sur 5 qui est une **famille recomposée** au Québec », explique-t-elle.

« Ce n'était pas l'idéal de **célébrer** une belle-mère le jour de la Fête des mères. Je voyais mes belles-filles qui voulaient montrer leur **affection** et **souligner** mon apport dans leur vie, mais qui étaient gênées pour leur mère. Finalement, on a trouvé qu'une journée réservée aux beaux-parents serait la solution. »

La prochaine étape : demander à l'Office québécois de la langue française de réfléchir aux termes « belle-mère » et « beau-père » qui dans d'autres langues comme l'anglais sont des termes différents (« step mother » pour la belle-mère des enfants du **conjoint** et « mother-in-law » pour la mère du conjoint.)

D'après Sarah-Emilie Nault, *noovo moi*, mai 2022

Les 10 mots-clés

Affection (n. f.) : sentiment d'attachement intime pour quelqu'un. *À la Fête des mères, les enfants expriment leur affection en confectionnant un petit cadeau.*

Beau-père, belle-mère (nom) : ces mêmes mots peuvent désigner à la fois la personne avec qui le père ou la mère s'est remarié(e) ET le parent du mari/de la femme. *C'est souvent plus difficile pour un garçon d'accepter son beau-père à la maison.*

Célébrer (qqch) : fêter un événement ou une journée particulière. *En France, on célèbre la Fête des pères le troisième dimanche du mois de juin.*

Conjoint, conjointe (nom) : termes formels pour « mari » et « femme ». *Son nouveau conjoint a eu deux enfants d'un premier mariage.*

Divorcer (verbe intransitif) : mettre fin à un mariage. *En France, environ 46 % des couples mariés finissent par divorcer.*

Famille recomposée (expression) : se dit d'une famille qui comprend un couple et au moins un enfant qui est né d'un autre père ou d'une autre mère. *Chez nous, c'est une grande famille recomposée : j'ai un frère, un demi-frère* *et deux demi-sœurs !*

Parent biologique (expression) : parent naturel, qui a donné la vie à un enfant. *Le garçon a revu ses parents biologiques après 15 ans de séparation.*

Reconnu (adj.) : accepté officiellement, par l'administration ou par la société. *Notre certificat de mariage n'est pas reconnu par les autorités françaises.*

Souligner (qqch) : attirer l'attention sur quelque chose. *Il faut souligner que le beau-parent n'a pas de droit sur l'enfant de son conjoint.*

Valoriser (qqn ou qqch) : considérer quelqu'un ou quelque chose comme important. *Vous devriez valoriser plus souvent les efforts de votre enfant.*

La problématique : faut-il célébrer les beaux-parents ?

La traditionnelle Fête des mères ne prend pas en compte la réalité des familles d'aujourd'hui : les familles recomposées sont devenues très nombreuses. Mais la place et le rôle des beaux-parents restent peu reconnus. Invisibles dans la société, ils n'ont même pas de noms pour les distinguer des parents d'un(e) conjoint(e). D'où cette initiative québécoise de créer une journée spéciale pour les beaux-parents. En France, où cette journée n'existe pas, les écoles commencent à s'adapter, en proposant de célébrer « la Fête des parents » ou « de ceux qu'on aime. »

Le contrôle parental (B2)

Quel contrôle parental sur smartphone mettre en place pour ses enfants

Le smartphone est un outil permettant d'être joignable, donnant accès à plein de **fonctionnalités** et à Internet tout entier. Bref, un dispositif formidable d'apprentissage et d'ouverture. Mais le smartphone présente également des risques difficiles à éviter : contenus choquants, harcèlement, etc.

Il est donc nécessaire d'**accompagner** l'adolescent, mais aussi de l'**encadrer**. Plus facile à dire qu'à faire ! « Ce n'est pas seulement une difficulté technique, c'est aussi une difficulté éducative pour les parents, explique le psychiatre Serge Tisseron. Ils ne savent pas comment fixer des **tranches horaires**. N'ayant pas grandi avec un téléphone, ils n'ont pas de repère pour **réguler** celui de leur enfant. »

La première chose à faire est de dialoguer avec l'adolescent et d'**établir** des règles communes. Ensuite, pour les mettre en pratique, une application de contrôle parental peut être utile. Sur Android, on a l'application Family Link, facile à **configurer**. Vous pouvez définir un nombre d'heures d'utilisation, avec un **blocage** possible du téléphone à tout moment. Un **filtre** pour Chrome peut également contrôler ce que peut faire l'adolescent sur son appareil.

L'application va peut-être un peu trop loin avec des options permettant de connaître en détail l'utilisation du smartphone et même de le **géolocaliser**. Des options qui ne sont peut-être pas les plus efficaces pour autonomiser ou créer un lien de confiance avec l'adolescent.

Grégory Rozières, *Le HuffPost*, 30/08/2019

Les 10 mots-clés

Accompagner (qqn) : être un guide pour quelqu'un. *Le devoir d'un parent est d'accompagner l'enfant vers l'autonomie.*

Blocage (n. m.) : action de stopper le fonctionnement d'un système. *Le blocage est la seule solution possible pour un enfant qui a l'habitude d'utiliser son téléphone toute la nuit.*

Configurer (qqch) : régler un système pour un fonctionnement qui correspond à des besoins. *L'application est en anglais et je n'arrive pas à la configurer.*

Encadrer (qqn) : contrôler et diriger quelqu'un. *Ces enfants ne sont pas assez encadrés : ils passent leurs soirées à jouer au lieu de faire leurs devoirs.*

Établir (qqch) : mettre en place, adopter une règle, un système... *TikTok a finalement établi un contrôle parental, car les parents s'inquiétaient de* *l'utilisation que leurs enfants faisaient de l'application.*

Filtre (n. m.) : dispositif qui bloque des contenus qui ne sont pas souhaités. *J'ai mis un filtre sur Chrome qui empêche mon enfant de regarder les publicités.*

Fonctionnalité (n. f.) : possibilité proposée par un système informatique. *Il faudrait installer une fonctionnalité qui permet de savoir où se trouve l'enfant.*

Géolocaliser (qqn ou qqch) : situer précisément grâce à un système informatique. *Quand notre fils a su qu'il était géolocalisé, il s'est mis en colère.*

Réguler (qqch) : contrôler, surveiller de manière continue. *Au lieu d'interdire le téléphone en classe, il serait préférable de réguler son utilisation.*

Tranche horaire (expression) : période de temps limitée. *Nous avons défini une tranche horaire pour la console de jeux vidéo : les enfants peuvent jouer de 18 à 19 heures seulement.*

La problématique : jusqu'où faut-il contrôler le téléphone de nos enfants ?

Comment protéger nos enfants tout en leur permettant d'exploiter un média aussi puissant qu'Internet ? Voilà une question à laquelle il est bien difficile de répondre... D'autant plus que les enfants possèdent un téléphone de plus en plus tôt (à 10 ans en moyenne). Même si les appareils d'aujourd'hui sont équipés d'un système de contrôle parental, la solution ne peut pas venir uniquement de la technologie. Il convient d'établir une relation de confiance qui pourra à la fois rassurer les parents et respecter l'intimité de l'adolescent. Mais les parents doivent d'abord donner le bon exemple !

Les inégalités femmes/hommes (B2)

Pourquoi les tenues des sportives font-elles autant parler ?

Pourquoi les **tenues** des sportives font-elles autant **polémique** ? « Cette **controverse** a toujours existé. », rappelle Sandy Montañola, maîtresse de conférences à l'Université Rennes-1. Au XIXe siècle, les femmes ne pouvaient pas faire de bicyclette, parce qu'elles auraient dû porter un pantalon, ce qui leur était interdit. Plusieurs femmes ont **bataillé** pour avoir le droit au pantalon. »

« Le sport a toujours été un moyen de poser des questions sur ce que les femmes pouvaient faire ou pas, poursuit Sandy Montañola. Et ça a permis aussi de montrer le poids des **normes** sociales sur les modes vestimentaires. Historiquement, le sport a permis à celles-ci d'**évoluer**. »

« Mais les **mentalités** changent extrêmement lentement, proteste Sandy Montañola. On en est encore à se demander si elles peuvent jouer sans mettre une tenue sexy... Avec les réseaux sociaux, tu peux porter des **revendications** en étant soutenue. Mais, c'est aussi via les réseaux sociaux que les athlètes ont besoin de se féminiser, à cause des sponsors. J'ai entendu des témoignages de footballeuses, à qui on demandait de poser en tenue sexy... »

Des exemples concrets de **sexisme** qui font s'interroger sur une réelle évolution de la société. « On ne verra pas de changement sans une prise de décision au sujet de ces inégalités, affirme la maîtresse de conférences. Par exemple, dans les règlements sur les vêtements, on pourrait arrêter de **distinguer** hommes et femmes. Mais, avec ces enjeux économiques, ce sera compliqué... »

D'après Pierre Léziart, *Ouest-France*, 28/07/2021

Les 10 mots-clés

Batailler (verbe intransitif) : lutter pour une idée, un changement de la société. *Les femmes devront batailler encore longtemps pour obtenir l'égalité de salaire.*

Controverse (n. f.) : discussion, souvent longue, où on expose des idées contraires. *Des lois plus strictes contre le sexisme mettraient fin à cette controverse sur les tenues des sportives.*

Distinguer (qqn ou qqch) : faire des différences entre des personnes. *Pourquoi parler de la technique des hommes et du physique des femmes ? Arrêtons de les distinguer !*

Évoluer (verbe intransitif) : changer progressivement. *Les Jeux Olympiques ont évolué : ils accueillent beaucoup plus de femmes.*

Mentalité (n. f.) : ensemble des manières de penser et de croire. *Les réseaux* *sociaux n'aident pas vraiment à changer les mentalités sur les femmes.*

Norme (n. f.) : règle que tout le monde doit respecter. *Les normes vestimentaires sont beaucoup moins strictes qu'au siècle dernier.*

Polémique (n. f.) : débat, généralement violent, entre des personnes qui ont des opinions contraires. *Les gymnastes allemandes, qui ont refusé de porter la tenue traditionnelle aux Jeux Olympiques de Tokyo, ont créé une énorme polémique dans les médias.*

Revendication (n. f.) : réclamation de quelque chose qui est considérée comme un droit. *Quand des joueuses de tennis ont voulu jouer en short, les autorités sportives n'ont pas voulu entendre cette revendication.*

Sexisme (n. m.) : action de traiter inégalement quelqu'un selon le sexe. *Le sport est un domaine où le sexisme est encore trop fréquent.*

Tenue (n. f.) : ensemble des vêtements et accessoires portés par une personne. *La tenue d'un judoka comprend une veste, un pantalon et une ceinture.*

La problématique : comment lutter contre les inégalités dans le sport ?

La tenue vestimentaire n'est pas la seule victime du sexisme dans le sport. On constate également des inégalités concernant les revenus et la présence dans les médias. Le football féminin, par exemple, est beaucoup moins diffusé à la télévision. Même si on peut trouver des raisons économiques – des publicitaires imposant aux joueuses de s'habiller en tenue sexy – le véritable enjeu, c'est le pouvoir. En effet, le monde du sport est dirigé uniquement par des hommes. Une des conditions de l'égalité serait donc l'accès des femmes aux postes de responsables dans les clubs sportifs et les fédérations.

Testez-vous !

Vous préférez la version interactive du test ? Rendez-vous à cette adresse :

communfrancais.com/ressources/les-mots-de-linfo-b1-b2/quiz-relations/

Niveau B1

1. Cherchez l'intrus.

a. Bailleur
b. Loyer modéré
c. Association
d. Colocation

2. « Pour payer mes études universitaires, le week-end je fais .... pour des collégiens. »

a. Du soutien scolaire
b. De l'association
c. De la solitude
d. De la collectivité

3. Il faut apporter un peu .... pour les personnes âgées en situation ....

a. De bailleur / De loyer modéré
b. D'occasion / de solidaire
c. De compagnie / de solitude
d. Les 3 réponses ci-dessus sont correctes.

4. « Quand j'étais étudiant, je .... dans une association sportive. »

a. Me suis soutenu
b. Me suis engagé
c. Me suis associé
d. Me suis souligné

5. C'est un garçon très aimable et toujours .... avec ses colocataires.

a. Solidaire
b. Associatif
c. Conjoint
d. Scolaire

6. Quels mots désignent des membres d'une famille ?

a. Compagnie
b. Conjoint
c. Belle-fille
d. Parent

7. Au Québec, la journée des beaux-parents a pour but de valoriser les parents biologiques.

a. VRAI
b. FAUX

8. Le rôle d'un beau-parent dans une famille recomposée devrait être mieux ....

a. Divorcé
b. Conjoint
c. Souligné
d. Gêné

9. En France, on ne .... pas la journée des beaux-parents, qui ne sont pas assez....

a. Fête / valorisés
b. Célèbre / reconnus
c. Connaît / acceptés
d. Les 3 réponses ci-dessus sont correctes.

10. Exprimer son .... pour l'enfant du conjoint, c'est très important dans une famille recomposée.

a. Affection
b. Divorce
c. Beau-père
d. Ménage

Niveau B2

1. Cherchez l'intrus.

a. Configuration
b. Géolocalisation
c. Accompagnement
d. Fonctionnalité

2. .... et .... l'enfant sur son téléphone sont des mesures complémentaires.

a. Accompagner / encadrer
b. Bloquer / établir
c. Filtrer / trancher
d. Les 3 réponses ci-dessus sont correctes.

3. L'imposition de tranches horaires est nécessaire pour éviter l'addiction au téléphone.

  a. VRAI
  b. FAUX

4. De nombreux parents ne savent pas comment .... l'appareil de leurs enfants.

  a. Réguler
  b. Géolocaliser
  c. Configurer
  d. Les 3 réponses ci-dessus sont correctes.

5. Il vaut mieux bannir les applications qui refusent .... un contrôle parental.

  a. D'établir
  b. De bloquer
  c. De filtrer
  d. De dialoguer

6. Quel mot n'évoque pas une lutte ou une opposition ?

  a. Polémique
  b. Bataille
  c. Évolution
  d. Controverse

7. .... du joueur de tennis a beaucoup .... depuis le début de ce sport.

  a. Le filtre / bataillé
  b. La tenue / évolué
  c. La revendication / distingué
  d. Les 3 réponses ci-dessus sont correctes.

8. Les .... des sportives entraînent souvent des .... sur les réseaux sociaux.

  a. Tenues / mentalités
  b. Athlètes / controverses
  c. Batailles / normes
  d. Revendications / polémiques

9. La lutte contre le sexisme passe par l'éducation des ....

  a. Normes
  b. Règlements
  c. Tenues
  d. Mentalités

10. Les règlements sportifs font trop de .... qui sont injustes envers les femmes.

  a. Distinctions
  b. Controverses
  c. Publicités
  d. Les 3 réponses ci-dessus sont correctes.

Les mots des transports

La gratuité des transports en commun (B1)

Métropole de Lille : les transports en commun sont gratuits pour les moins de 18 ans depuis le 1er janvier

Ils étaient souriants, ce matin, les **usagers** des transports en commun lillois, en venant chercher la nouvelle carte qui offre aux mineurs la gratuité sur toute la **métropole**. Lorenzo, 17 ans, payait jusque-là 30 euros par mois. « Je prends le métro tous les jours, pour aller au sport, faire les courses... là, c'est bien, c'est gratuit ! » Même satisfaction pour une mère de famille. « Je vais pouvoir emmener mon fils de 12 ans partout avec moi. »

Depuis le 1er janvier, bus, métro et tramway sont gratuits pour les moins de 18 ans sur tout le **réseau** de la métropole lilloise. Seule condition : en être résident. Pour en bénéficier, il suffit de se rendre aux **guichets** Ilevia ou sur leur site Internet, pour demander une carte Pass Pass. Reste une obligation : **valider** sa carte à chaque **trajet**. Attention, des **contrôleurs** pourront vérifier les **titres de transport** !

Objectif : réduire les **déplacements** en automobile. Lille n'est pas la première ville à proposer ce service. Cela fait 46 ans que Compiègne offre la gratuité à tous ses habitants, pas seulement aux plus jeunes. Dans le Nord, les habitants de Calais n'ont plus besoin de **justificatif** pour monter dans les bus depuis 2019.

D'après Yves Asernal, *France 3 Régions*, 03/01/2022

Les 10 mots-clés

Contrôleur, contrôleuse (nom) : employé qui vérifie si les personnes dans un bus (ou un train...) ont bien payé le voyage. *Les contrôleurs m'ont demandé ma carte de bus, mais je l'avais oubliée chez moi.*

Déplacement (n. m.) : action d'aller d'un lieu à un autre, avec ou sans moyen de transport. *De nombreux Parisiens effectuent leurs déplacements en métro.*

Guichet (n. m.) : lieu où on vend, par exemple, des tickets, des billets de train, des cartes de bus, etc. *Quand je suis arrivé à la gare, tous les guichets étaient fermés.*

Justificatif (n. m.) : document qui montre que quelque chose est vrai, exact. *Pour obtenir la carte réservée aux moins de 18 ans, il faut présenter un justificatif, par exemple une carte d'identité.*

Métropole (n. f.) : ville principale d'une région. *La métropole de Lille réunit 95 villes où habitent près de 1,2 millions d'habitants.*

Réseau (n. m.) : ensemble des lignes de transport qui existent dans une ville, un pays, etc. *Le réseau de métro parisien comprend 16 lignes et 380 stations.*

Titre de transport (expression) : tout type de document nécessaire pour voyager : carte de bus, billet de train, pass, etc. *En France, on ne doit pas présenter son titre de transport avant de monter dans un train.*

Trajet (n. m.) : chemin entre un lieu et un autre. *Le bus n'étant pas passé, j'ai dû faire tout le trajet pour l'université à pied.*

Usager, usagère (nom) : personne qui utilise un service. *Les usagers doivent toujours avoir leur carte de bus sur eux, même les jours de gratuité.*

Valider (qqch) : présenter un titre de transport (carte de bus...) à un appareil qui vérifie s'il fonctionne bien. *Si un usager ne valide pas sa carte, le chauffeur peut lui demander de descendre du bus.*

La problématique : la gratuité des transports en commun est-elle une bonne solution ?

Comment limiter les déplacements en voiture dans les grandes villes ? Une solution est de développer les transports en commun, mais surtout de donner envie de les prendre régulièrement. C'est pourquoi des métropoles françaises ont choisi de proposer gratuitement ce service, pour tous les habitants ou seulement une partie. Mais tout le monde n'est pas d'accord avec cette mesure. D'abord, elle coûte cher à la ville. Ensuite, de nombreux Français continuent à préférer la liberté et le confort de leur voiture. Enfin, il serait peut-être plus juste d'offrir la gratuité aux personnes sans argent, pas à tous les usagers.

La trottinette en ville (B1)

Trottinettes en ville : ce qui est permis et ce qui est interdit

On voit les trottinettes électriques partout dans les rues : des trottoirs aux **pistes cyclables** ou sur la route, parfois à des vitesses dangereuses. Pour les usagers, ce qui est autorisé ou non est un peu flou. Le Parisien répond à vos questions.

Peut-on rouler sur les trottoirs ? Non, le **code de la route** l'interdit pour tous les véhicules à moteur, même électriques. Vous risquez une **amende** de 135 euros.

Et sur la **chaussée** ? Oui, les trottinettes ont le droit de rouler sur la chaussée. Elles sont également autorisées à **circuler** sur les pistes cyclables et les voies réservées aux bus.

Le port du **casque** est-il obligatoire ? Il est fortement conseillé, mais pas obligatoire.

À quelle vitesse peut-on se déplacer ? Les trottinettes doivent respecter les limitations de vitesse, fixées à 25 km/h. Facile avec les trottinettes en location, qui sont **bridées**. Un peu moins avec les trottinettes personnelles qui peuvent monter jusqu'à 80 km/h ! Attention, vous pouvez être **verbalisés** pour **excès de vitesse**.

Peut-on rouler en trottinette après avoir bu de l'alcool ? Comme en voiture ou en deux-roues, la conduite **en état d'ébriété** est strictement interdite et punie par une amende de 135 euros.

D'après Grégory Plesse, *Le Parisien*, 02/11/2018

Les 10 mots-clés

Amende (n. f.) : somme d'argent qu'une personne doit payer quand elle n'a pas respecté une loi ou un règlement. *Un policier lui a donné une amende de 135 euros, parce qu'il n'avait pas mis sa ceinture dans la voiture.*

Brider (qqch) : limiter la puissance d'un moteur. *En France, les vélos électriques sont bridés à 25 km/h.*

Casque (n. m.) : objet qui se porte sur la tête pour la protéger en cas d'accident. *Le port du casque est obligatoire pour les conducteurs de moto.*

Chaussée (n. f.) : partie de la rue où les véhicules peuvent rouler. *Il est très dangereux de marcher sur la chaussée, il vaut mieux prendre le trottoir.*

Circuler (verbe intransitif) : prendre une voie de communication (rue, route...) pour aller d'un lieu à un autre. *Dans les grandes villes françaises, de plus en plus de personnes circulent à trottinette.*

Code de la route (expression) : ensemble des règles à respecter pour se déplacer en véhicule. *Le code de la route autorise seulement les trottinettes* *non électriques sur les trottoirs.*

En état d'ébriété (expression) : expression formelle qui désigne une personne qui a bu trop d'alcool. *Un conducteur en état d'ébriété risque de perdre 6 points sur son permis de conduire.*

Excès de vitesse (expression) : fait de rouler plus vite que la vitesse autorisée. *Roule moins vite ! Si tu es pris en excès de vitesse, tu vas le payer cher !*

Piste cyclable (expression) : voie publique réservée aux déplacements à vélo. *J'ai choisi d'habiter dans cette région, parce qu'on y trouve beaucoup de pistes cyclables.*

Verbaliser (qqn) : donner une amende à quelqu'un. *Un contrôleur a verbalisé un passager qui n'avait pas de billet de train.*

La problématique : faut-il interdire les trottinettes en ville ?

La France, comme beaucoup de pays dans le monde, connaît un grand développement des trottinettes en ville. Ces véhicules ont commencé à poser beaucoup de problèmes. Les usagers roulent trop vite, garent leur véhicules n'importe comment sur les trottoirs. C'est pourquoi des villes ont décidé d'interdire les trottinettes de location. Pour les trottinettes personnelles, elles doivent respecter des règles strictes : interdiction de circuler sur les trottoirs, limitations de vitesse, etc. Même si les amendes sont élevées, on voit encore des comportements dangereux sur la route. Ce moyen de transport reste donc très critiqué et beaucoup de citadins aimeraient qu'il soit totalement interdit.

Le co-vélotage (B2)

Grenoble teste le vélo biplace en libre-service

Traverser la ville en couple, cheveux au vent, comme dans *La dolce vita*, était jusqu'ici le privilège des motards. Des cyclistes vont pouvoir en faire de même, grâce à ce nouveau mode de transport : un **vélo à assistance électrique**, **en libre-service**, à deux places. Lancé le 31 mai 2021 à Grenoble par la société française Pony, c'est une première mondiale.

L'entreprise loue déjà des vélos et des trottinettes dans plusieurs villes de France. Mais c'est à Grenoble qu'elle a choisi d'**implanter** le « co-vélotage ». La métropole n'a pas financé le projet, mais elle a fixé 400 points de parking pour 250 vélos biplace. Ces tandems électriques ne peuvent donc pas être garés n'importe où. La **recharge** de **batterie**, elle, est assurée par une équipe mobile.

Le prix ? Un euro le **déverrouillage**, auquel s'ajoutent 19 centimes par minute. Autre possibilité : ces biplaces peuvent être achetés via l'application « AdopteunPony ». Une sorte de **financement participatif** des vélos, qui permet aux propriétaires de récupérer 50 % du montant de la location.

Reste bien sûr la question de la sécurité. « Le siège arrière a été installé plus bas et le vélo est rallongé pour rester aussi **maniable** qu'un vélo classique », fait savoir Pony. Et très **robuste** : il peut supporter 250 kilos de charge.

D'autres « Double Pony sont déjà en production, annonce l'entreprise qui espère bientôt **déployer** son offre dans d'autres villes, notamment à Paris.

D'après Alice Pouyat, *We demain*, 31/05/2021

Les 10 mots-clés

Batterie (n. f.) : appareil qui fournit de l'énergie électrique, par exemple à un véhicule. *Sur les premiers vélos électriques, la batterie pesait beaucoup trop lourd.*

Déployer (qqch) : développer sur une plus grande surface, dans d'autres endroits. *Vélib', le service de location de vélos, a été déployé dans toutes les grandes villes françaises.*

Déverrouillage (n. m.) : action de libérer quelque chose qui est fermé par un dispositif de protection contre le vol (verrou). *Le déverrouillage d'un vélo de location est très simple : il suffit de passer son smartphone devant l'écran du vélo.*

Financement participatif (expression) : système par lequel une entreprise invite – via une plateforme – des personnes à envoyer de l'argent pour développer un projet. *Le mode de financement participatif de Pony est simple : en achetant un vélo, vous aidez l'entreprise à développer le nombre de ses véhicules et en échange vous partagez les bénéfices des locations.*

Implanter (qqch) : installer et développer dans un nouveau lieu. *La société Pony a essayé d'implanter un service de trottinettes électriques à Nantes, mais la ville a refusé.*

En libre-service (expression) : système de commerce où le client prend lui-même – sans demander à un employé – le produit souhaité. *Autolib' était un système de location de voitures en libre-service qui a dû fermer, car il perdait trop d'argent.*

Maniable (adj.) : objet facile à utiliser, véhicule facile à conduire... *Ma trottinette électrique est peu maniable, car je ne peux pas la plier pour la rentrer chez moi.*

Recharge (n. f.) : action de remettre de l'électricité dans une batterie. *Je me rappelle que pour mon premier téléphone, la recharge de la batterie prenait au moins 8 heures !*

Robuste (adj.) : très solide, qui peut résister à un grand poids ou à un gros choc. *Sa trottinette n'est pas très robuste : deux adultes ne peuvent pas monter dessus.*

Vélo à assistance électrique (expression) : appelé aussi par le sigle VAE, c'est un vélo équipé d'un moteur électrique utilisé en complément du pédalage. *Sans vélo à assistance électrique, nous n'aurions pas pu arriver au sommet de la montagne.*

La problématique : le co-vélotage a-t-il de l'avenir ?

Après le co-voiturage, voici le co-vélotage ! Les premiers utilisateurs disent l'apprécier, car il est pratique pour emmener un enfant à l'école par exemple. Il permet de circuler à deux personnes, ce qui est interdit sur une trottinette de location. Par ailleurs, après les transports en commun, c'est une nouvelle possibilité d'éviter les déplacements en voiture individuelle, qui est la première cause de pollution en ville. On pourra critiquer tout de même son prix, car à 12 euros pour une heure, une utilisation régulière coûtera très cher. Alors, simple mode ou solution durable ? C'est encore trop tôt pour le dire.

Les rues scolaires (B2)

Les rues scolaires, un dispositif aux résultats encourageants

Ces derniers mois, plusieurs pays européens ont déployé le dispositif de rue scolaire. Il s'agit de **barrer** et **piétonniser** temporairement les rues des écoles, aux heures d'ouverture et de fermeture des classes, afin de les sécuriser et d'**encourager** les déplacements à pied, à trottinette ou à vélo plutôt qu'en voiture. Seuls les véhicules des **riverains** sont autorisés à entrer.

Ce dispositif étant relativement nouveau, on dispose encore de peu d'informations sur les changements obtenus. Les éléments d'évaluation les plus complets nous viennent du Royaume-Uni. Parmi les parents automobilistes, 30 % ont réduit leur utilisation de la voiture pour amener leurs enfants à l'école. Il a été observé, **aux abords** des écoles, une diminution de 23 % de la pollution aux oxydes d'azote, polluants principalement émis par le trafic routier, particulièrement dense aux **heures de pointe**. Cet effet est observé surtout le matin, à l'heure de **dépose** des enfants. 81 % des parents considèrent que la rue scolaire est pertinente et 76 % souhaitent que le dispositif soit déployé plus largement. Les principaux avantages évoqués sont l'augmentation de la sécurité (39 %), la réduction des **bouchons** et du **stationnement** anarchique (23 %).

Et en France ? Depuis la rentrée 2020, Paris a piétonnisé ou **apaisé** les abords de 80 écoles, Lyon a fait de même pour 23 écoles et Lille pour 7 écoles. Les premiers résultats sont très encourageants. Par exemple, 91,4 % des parents de l'école Desbordes-Valmore de Lille s'en disent satisfaits.

D'après Mathieu Chassignet, *The conversation*, 05/04/2021

Les 10 mots-clés

Apaiser (qqn ou qqch) : rendre plus calme, moins dangereux. *Depuis l'ouverture du boulevard extérieur, les rues du centre-ville sont apaisées.*

Aux abords (expression) : autour d'un lieu. *La circulation reste très dense aux abords du centre-ville.*

Barrer (qqch) : bloquer l'accès, notamment par une barrière. *Il faut que tu tournes à gauche, parce que la rue est barrée à cause des travaux.*

Bouchon (n. m.) : blocage de la circulation causé par un trop grand nombre de véhicules. *Quand une ville est trop peuplée, le développement des transports en commun ne suffit pas à empêcher les bouchons.*

Dépose (n. f.) : action de conduire et laisser quelqu'un dans un lieu. *Avant la rue scolaire, la dépose des enfants était complètement anarchique : les voitures s'arrêtaient au milieu de la route ou sur les trottoirs.*

Encourager (qqn ou qqch) : donner envie de faire quelque chose. *En* *créant des pistes cyclables, la ville veut encourager le remplacement de la voiture par le vélo.*

Heure de pointe (expression) : moment de la journée, qui correspond à l'ouverture ou la fermeture des bureaux et des écoles, où la circulation est donc très dense. *Il faut éviter de prendre le métro parisien aux heures de pointe.*

Piétonniser (qqch) : réserver une rue aux personnes qui se déplacent à pied (les piétons) en interdisant les véhicules. *La rue où j'habite va être piétonnisée : ce sera plus compliqué de rentrer chez moi.*

Riverain, riveraine (nom) : personne qui habite dans une rue ou un quartier. *Les touristes faisaient trop de bruit la nuit, alors des riverains ont appelé la police.*

Stationnement (n. m.) : action de garer sa voiture sur un parking ou au bord de la route, etc. *Dans ce quartier, le stationnement est payant de 9h à 20h.*

La problématique : faut-il généraliser les rues scolaires ?

Bouchons, pollution, stationnement anarchique... l'ouverture et la fermeture des écoles posent de nombreux problèmes en ville. Les plus dramatiques sont bien sûr les accidents impliquant des enfants... C'est pourquoi de plus en plus de villes testent le dispositif de rue scolaire. Les avantages sont déjà bien connus : les abords des écoles deviennent apaisés pour la satisfaction de tous. Cependant, le succès du dispositif suppose certaines conditions : la rue doit être résidentielle, non commerçante. Les automobilistes doivent pouvoir changer facilement leur itinéraire, la rue ne doit pas être traversée par une ligne de bus et des places de stationnement doivent être disponibles près de l'école.

Testez-vous !

Vous préférez la version interactive du test ? Rendez-vous à cette adresse :

communfrancais.com/ressources/les-mots-de-linfo-b1-b2/quiz-transports/

Niveau B1

1. Cherchez l'intrus.

   a. Titre de transport
   b. Valider
   c. Métropole
   d. Contrôleur

2. Pour obtenir le pass réservé aux étudiants, il faut présenter un ....

   a. Casque
   b. Billet
   c. Justificatif
   d. Usager

3. Je dois passer au .... pour changer mon billet de train.

   a. Déplacement
   b. Réseau
   c. Guichet
   d. Trajet

4. Les contrôleurs vérifient les .... pendant ....

   a. Cartes / la métropole
   b. Titres de transport / le trajet
   c. Justificatifs / le réseau
   d. Les 3 réponses ci-dessus sont correctes.

5. La métropole lilloise a beaucoup travaillé pour faciliter les .... des ....

   a. Déplacements / usagers
   b. Guichets / amendes
   c. Satisfactions / réseaux
   d. Les 3 réponses ci-dessus sont correctes.

6. Quels mots-clés permettent de parler de la trottinette en ville ?

   a. Valider

b. Piste cyclable
c. Gratuité
d. Chaussée

7. Il est recommandé de porter .... quand on .... à trottinette.

a. Un code de la route / bride
b. Une amende / verbalise
c. Un casque / circule
d. Les 3 réponses ci-dessus sont correctes.

8. Il est facile de débrider une trottinette électrique, mais attention aux .... !

a. Excès de vitesse
b. États d'ébriété
c. Chaussées
d. Contrôleurs

9. En France, les trottinettes électriques ont le droit de circuler sur ....

a. Les pistes cyclables
b. Les trottoirs
c. Les usagers
d. La chaussée

10. Il a pris .... de 135 euros pour conduite ....

a. Une trottinette / en déplacement
b. Une amende / en état d'ébriété
c. Un casque / en excès de code
d. Les 3 réponses ci-dessus sont correctes.

Niveau B2

1. Cherchez l'intrus.

a. Recharge
b. Implantation
c. Vélo à assistance électrique
d. Batterie

2. Ils ont réussi à collecter l'argent nécessaire grâce à une plateforme ....

a. De co-vélotage
b. De déverrouillage
c. De financement participatif
d. De libre-service

3. Quel adjectif ne peut pas qualifier un vélo à assistance électrique ?

a. Robuste
b. Coûteux
c. Aimable
d. Maniable

4. L'année prochaine, la jeune société .... son service dans trois nouvelles villes.

a. Déploiera
b. Déverrouillera
c. Rechargera
d. Participera

5. Dans une station .... , c'est l'usager lui-même qui effectue .... du vélo.

a. À assistance / la recharge
b. En libre-service / le déverrouillage
c. De véhicules cyclables / la réparation
d. Les 3 réponses ci-dessus sont correctes.

6. Quel verbe ne peut pas servir à évoquer les rues scolaires ?

a. Cambrioler
b. Barrer
c. Piétonniser
d. Déposer

7. Dans une rue scolaire, ... est autorisé uniquement pour les ....

a. Le bouchon / piétons
b. Le bus / barrières
c. L'heure de pointe / automobilistes
d. Le stationnement / riverains

8. La métropole .... les habitants à circuler dans les centres-villes à pied ou à vélo.

a. Décourage
b. Apaise
c. Encourage
d. Piétonnise

9. L'objectif premier d'une rue scolaire est d'assurer la sécurité .... des écoles.

a. Aux déposes
b. Aux riverains
c. Aux abords
d. Les 3 réponses ci-dessus sont correctes.

10. La route principale était ...., ce qui a entraîné un énorme ....

a. Apaisée / déverrouillage
b. Déposée / dispositif
c. Barrée / bouchon
d. Les 3 réponses ci-dessus sont correctes.

Les mots de l'environnement

La protection des animaux (B1)

Ce lundi, c'est la Journée mondiale des animaux

Le 4 octobre, les **défenseurs** des animaux du monde entier célèbrent la Journée mondiale des animaux. Cette année, l'Organisation des Nations Unies veut alerter le grand public sur deux **espèces en voie de disparition** : le tigre et l'éléphant. Le premier ne peut plus vivre dans ses forêts de mangroves qui ont été **détruites** par les hommes. De plus, les **braconniers** vendent à très bon prix la peau et d'autres parties de l'animal utilisées en médecine traditionnelle. L'éléphant, qui est le plus grand des animaux terrestres du globe, est lui **chassé** pour son ivoire. Aujourd'hui, l'espèce est **décimée**.

Mais, il existe aussi une Journée mondiale contre l'**abandon** des animaux de compagnie. Cette **initiative**, lancée par Solidarité Peuple Animal, est soutenue par de nombreuses autres associations. Elle est fixée le samedi du dernier week-end du mois de juin. C'est juste avant le premier grand départ en vacances des Français... Chaque année en France, 100 000 chiens et chats sont abandonnés par leurs familles, 2 sur 3 pendant l'été. Pourtant, l'abandon d'animaux, comme la **maltraitance** animale, est puni d'une amende de 45 000 euros.

D'après Cathy Lafon, *Sud-Ouest*, 01/10/2021

Les 10 mots-clés

Abandon (n. m.) : action de laisser, de quitter (quelqu'un ou quelque chose) pour toujours. *Les Français sont les premiers en Europe pour l'abandon d'animaux domestiques.*

Braconnier, braconnière (nom) : personne qui prend ou tue des animaux sauvages sans autorisation. *La police a pris un braconnier, un agriculteur retraité de 76 ans, avec 45 oiseaux.*

Chasser (qqch) : tuer ou prendre vivant un animal sauvage. *Dans la forêt près de chez moi, on chasse surtout le lapin.*

Décimer (qqn) : faire mourir un grand nombre de personnes ou d'animaux. *La pêche intensive en Mer du Nord a décimé les poissons.*

Défenseur, défenseure (nom) : personne qui lutte pour protéger quelqu'un ou quelque chose. *Dans certains pays, les défenseurs des animaux risquent leur vie face aux braconniers.*

Détruire (qqn ou qqch) : changer quelque chose jusqu'à ce qu'il n'existe plus. *Cette année en France, le feu a déjà détruit près de 50 000 hectares de forêt.*

En voie de disparition (expression) : qui ne va bientôt plus exister. *La baleine bleue, le plus gros animal vivant à notre époque, est en voie de* *disparition à cause de la chasse.*

Espèce (n. f.) : groupe d'êtres vivants qui ont des caractères communs. *Le loup est une espèce protégée en France.*

Initiative (n. f.) : action d'une personne qui propose une idée ou crée un projet qui n'existe pas encore. *L'initiative de la Journée mondiale des animaux vient de Heinrich Zimmermann, un défenseur allemand.*

Maltraitance (n. f.) : fait d'être violent avec quelqu'un. *Un homme a été condamné à 6 mois de prison pour maltraitance animale.*

La problématique : comment mieux protéger les animaux ?

Les scientifiques le disent et le répètent : les activités humaines (pêche, chasse, pollution, destruction des habitats...) menacent la vie de nombreuses espaces animales sur Terre. De plus, on voit encore trop souvent des cas de maltraitance sur les animaux de compagnie. Face à ces problèmes, une solution est de sensibiliser le public par des journées comme la Journée mondiale des animaux. Une autre solution est d'éduquer très tôt les enfants au respect des animaux. Mais est-ce suffisant ? L'aspect économique restera important : beaucoup de personnes ont besoin d'exploiter des espèces animales pour de l'argent.

Le traitement des déchets (B1)

Et si tu devenais rudologue, spécialiste des déchets ?

Rudo... quoi ? C'est vrai que rudologue, c'est un métier peu connu, mais qui devrait se développer à l'avenir. Sa spécialité, ce sont les **déchets**. On en produit de plus en plus dans notre vie quotidienne, dans les entreprises, les hôpitaux... En 2018, la France a produit 342,4 millions de **tonnes** de déchets, soit 5,1 tonnes par habitant ! Toutes ces **ordures**, il faut ensuite les **trier**, les **recycler** si c'est possible, ou bien les détruire.

Donc, le rudologue étudie tous nos déchets dans le but de trouver des solutions pour les réduire et protéger l'environnement de leur impact. C'est un métier de terrain : il faut effectuer régulièrement des **prélèvements** et récupérer des déchets, pour pouvoir les analyser en laboratoire. Il **surveille** également des lieux tels que des **usines**, des **centrales nucléaires**...

Pour devenir rudologue, il faut suivre une formation scientifique, de biologie, de chimie, d'environnement ou de géologie. Les rudologues ont au moins une licence professionnelle (bac+3) dans le domaine de l'environnement et de la **gestion** des déchets. Mais, la majorité des rudologues ont un diplôme d'ingénieur ou bien un master professionnel.

D'après Juliette Loiseau, *Le Monde des ados*, 25/02/2022

Les 10 mots-clés

Centrale nucléaire (n. f.) : lieu où on produit de l'électricité en utilisant de l'uranium. *Il y a actuellement en France 19 centrales nucléaires.*

Déchet (n. m.) : partie non utilisable d'un produit, qui est donc jetée après la consommation. *Il y a encore trop de gens qui jettent leurs déchets sur les trottoirs.*

Gestion (n. f.) : action d'organiser, de s'occuper de quelque chose. *La gestion de l'eau devient difficile, quand il fait très chaud pendant plusieurs semaines.*

Ordures (n. f. pluriel) : choses inutilisées à la maison dans la vie quotidienne et jetées à la poubelle. *Tous les matins, je sors les ordures avant de partir au travail.*

Prélèvement (n. m.) : prendre une petite quantité d'une matière pour l'analyser. *La métropole fait régulièrement des prélèvements d'eau pour vérifier le niveau de pollution.*

Recycler (qqch) : transformer un déchet pour le réutiliser dans un nouveau produit. *Les bouteilles de verre sont recyclées pour produire de nouvelles bouteilles.*

Surveiller (qqn ou qqch) : observer avec beaucoup d'attention pour contrôler, vérifier un danger... *Les centrales nucléaires sont surveillées 24 heures sur 24.*

Tonne (n. f.) : unité de poids de 1 000 kilogrammes. *Chaque année, 8 millions de tonnes de déchets en plastique finiraient dans les océans.*

Trier (qqch) : séparer, dans un groupe de produits, ce qui est bon (utilisable) et ce qui est mauvais (inutilisable). *Dans notre ville, les habitants doivent trier les ordures : le verre dans la poubelle verte, le plastique dans la poubelle jaune, etc.*

Usine (n. f.) : lieu où on fabrique des produits industriels. *Il a travaillé dans une usine automobile pendant 25 ans.*

La problématique : comment traiter nos tonnes de déchets ?

Dans notre société de consommation, nous achetons de plus en plus de choses, alors la quantité de déchets augmente très rapidement. Par exemple, les emballages en plastique, très polluants pour l'environnement. Pour traiter tous ces déchets, une solution est de développer le recyclage qui permet de leur donner une nouvelle vie. Mais, le traitement devient de plus en complexe, d'où le développement de nouveaux métiers comme rudologue, qui a beaucoup d'avenir ! Toutefois, le plus important, c'est de sensibiliser le public pour qu'ils réduisent ses déchets et apprennent à les trier correctement.

Le changement climatique (B2)

5 questions pour comprendre le changement climatique et les solutions

Doit-on parler de « réchauffement climatique » ?

Il ne s'agit pas seulement de **réchauffement**, mais de modification du cycle naturel du climat. Il vaut mieux parler de changement climatique ou de **dérèglement** climatique.

Quelle est la cause du changement climatique ?

Les activités humaines sont à l'origine d'un excès dans les **émissions** de **gaz à effet de serre**, dont la concentration augmente dans l'atmosphère, ce qui provoque un réchauffement. Les émissions de dioxyde de carbone (CO_2) sont la principale cause de ce réchauffement. Elles proviennent de l'activité industrielle dans le secteur énergétique, mais aussi du **défrichage** des forêts.

Quelles sont les conséquences du changement climatique ?

Elles sont plurielles : réchauffement de la planète, montée des mers, **migrations** climatiques, perturbations des pluies qui ont un impact sur les **écosystèmes**...

Quelles sont les solutions ?

Il faut d'abord stopper le plus vite possible les émissions de gaz à effet de serre. Il existe par ailleurs des scientifiques qui recherchent des solutions technologiques **innovantes** pour **freiner** le changement climatique, comme l'invention de matériaux capables d'absorber le CO_2.

Quel est le lien avec la 6e extinction de masse ?

Le dérèglement climatique d'origine humaine est extrêmement rapide. Cela signifie que certaines espèces ont du mal à s'adapter. Résultat : elles s'éteignent. On parle aujourd'hui de sixième **extinction** de masse en raison des nombreuses espèces déjà disparues ou qui vont bientôt disparaître.

D'après Marcus Dupont-Besnard, *Numerama*, 30/10/2021

Les 10 mots-clés

Défrichage (n. m.) : action de rendre une terre cultivable en détruisant la végétation, la forêt... *Le défrichage des forêts entraîne la destruction des habitats pour de nombreuses espèces animales.*

Dérèglement (n. m.) : changement négatif de l'ordre habituel. *Le dérèglement climatique menace des villes situées en bord de mer.*

Écosystème (n. m.) : désigne un milieu naturel (montagne, forêt...) et les espèces qui y vivent. *La pêche intensive entraîne la destruction des écosystèmes marins.*

Émission (n. f.) : action de rejeter quelque chose dans un environnement. *Les émissions de méthane proviennent en grande partie de la production de viande.*

Extinction (n. f.) : action de perdre l'existence. *En France, en 2022, on compte 2 000 espèces animales qui sont menacées d'extinction.*

Freiner (qqch) : rendre une évolution (ou un mouvement) plus lent. *La généralisation des véhicules électriques ne suffira pas à freiner le changement climatique.*

Gaz à effet de serre (expression) : gaz qui entraîne l'augmentation des températures dans l'atmosphère. *Il faut dès maintenant réduire les gaz à effet de serre, pas dans quelques années.*

Innovant (adj.) : qui apporte quelque chose de très nouveau. *Une société suisse a inventé un filtre innovant qui permet de capturer le CO2.*

Migration (n. f.) : déplacement d'une population d'une région (d'un pays...) à une autre. *La montée des océans va entraîner d'importantes migrations chez les peuples qui ne pourront plus rester sur leurs terres inondées.*

Réchauffement (n. m.) : augmentation globale des températures sur la planète. *Les fortes chaleurs de cet été sont un signe du réchauffement climatique.*

La problématique : comment lutter contre le changement climatique ?

Les scientifiques le répètent : c'est maintenant qu'il faut réduire les émissions de gaz à effet de serre. Les impacts du changement climatique sont déjà visibles : hausse rapide des températures, risque d'extinction pour de nombreuses espèces animales, dont certaines sont indispensables pour l'équilibre des écosystèmes. Face à ce danger, les conférences sur le climat (les fameuses COP) n'ont pas encore pris de résolutions suffisantes. En attendant, c'est à nous tous d'appliquer des solutions au quotidien pour réduire les émissions de CO2 et de méthane. Mais comment ? En limitant les déchets, en réduisant notre consommation d'énergie...

La sécheresse (B2)

Sécheresse : va-t-on bientôt manquer d'eau au robinet ?

Un mois de juillet « historiquement » sec, des **précipitations** insuffisantes et des **canicules** à répétition : plus de cent communes connaissent une **pénurie** d'**eau potable**.

Depuis plusieurs jours, certains habitants ne peuvent déjà plus ouvrir leurs robinets. C'est le cas dans certaines communes de la Creuse, du Finistère mais aussi du Var, où des **restrictions** drastiques ont été mises en place. Désormais, la limite de consommation d'eau est **rationnée** à 200 litres par jour et par foyer. Douches, machines à laver, vaisselle... les habitants sont forcés de compter chaque usage qu'ils font de l'eau courante.

En Occitanie, aucun département n'échappe à la **sécheresse**. Pour éviter tout **gaspillage**, les particuliers n'ont plus le droit de laver leur véhicule en dehors des stations-service professionnelles et l'**arrosage** des pelouses et des espaces verts est proscrit entre 8 heures et 20 heures.

Concernant les niveaux de la Garonne et du Tarn, sources d'alimentation de plusieurs départements de la région, Guillaume Choisy, directeur général de l'agence de l'eau Adour-Garonne, évoque une situation « sans précédent. » « Il n'y a pas eu de pluies permettant aux rivières de se recharger », explique-t-il. Au 22 juillet, nous avons déjà consommé 25 millions de mètres cubes sur les 75 de nos **réserves**, un volume que l'on atteint en général qu'après la mi-août », précise l'expert. Désormais, l'Occitanie doit se préparer à des périodes encore plus difficiles.

D'après Laura Lude, *La Dépêche*, 06/08/2022

Les 10 mots-clés

Arrosage (n. m.) : action de verser un liquide sur quelque chose. *Il vaut mieux utiliser l'eau de pluie pour l'arrosage des fleurs.*

Canicule (n. f.) : période de grande chaleur continue. *Les canicules ont été exceptionnellement longues durant l'été 2022.*

Eau potable (n. f.) : eau qui peut être bue. *Ce n'est pas très écologique d'utiliser de l'eau potable pour laver sa voiture.*

Gaspillage (n. m.) : utilisation incorrecte ou excessive d'une ressource. *Cela fait des années que notre mairie lutte contre le gaspillage de l'eau par des actions de sensibilisation.*

Pénurie (n. f.) : manque d'une ressource qui est nécessaire. *Pourquoi les stations de lavage de voitures restent-elles ouvertes malgré la pénurie d'eau ?*

Précipitation (n. f.) : eau qui tombe de l'atmosphère, sous forme de pluie, de neige, de brouillard. *Les météorologues prévoient de nombreuses précipitations cet automne.*

Rationner (qqch) : autoriser des quantités limitées et précises. *Des supermarchés ont décidé de rationner l'huile à 1 bouteille par client.*

Réserve (n. f.) : quantité d'une ressource gardée pour l'utiliser plus tard. *J'ai déjà utilisé toutes mes réserves d'eau de pluie et je n'ai plus rien pour arroser mon jardin.*

Restriction (n. f.) : réduction de la consommation en période de manque. *Certains habitants choisissent de ne pas respecter les restrictions d'eau malgré le risque d'amende.*

Sécheresse (n. f.) : temps excessivement sec, à cause du manque de pluie. *Le Portugal est également touché par une sécheresse exceptionnelle sur l'ensemble de son territoire.*

La problématique : comment lutter contre la sécheresse ?

De plus en plus fréquentes, les périodes de sécheresse sont devenues un problème majeur en France. Durant l'été 2022, qui a été particulièrement sec, des communes ont dû prendre des mesures drastiques pour éviter la pénurie d'eau. Ces mesures, déjà pénibles pour les habitants, peuvent être dramatiques pour les agriculteurs qui risquent de perdre leurs récoltes. Cependant, la lutte contre le gaspillage est devenue indispensable. Une autre mesure à prendre, c'est la récupération de l'eau de pluie pour alimenter les réserves. Enfin, il reste à trouver des solutions innovantes pour réutiliser les eaux usées.

Testez-vous !

Vous préférez la version interactive du test ? Rendez-vous à cette adresse :

communfrancais.com/ressources/les-mots-de-linfo-b1-b2/quiz-environnement/

Niveau B1

1. Quel mot ne peut pas servir à parler de la protection des animaux ?

a. Recyclage
b. Abandon
c. Braconnage
d. Chasse

2. Sur le site pabete.com, on peut demander à quelqu'un de garder son animal de compagnie. Voilà une excellente .... !

a. Initiative
b. Chasse
c. Maltraitance
d. Espèce

3. Il est interdit .... des espèces ....

a. D'alerter / décimées
b. De braconner / détruites
c. De défendre / menacées
d. De chasser / en voie de disparition

4. « Que ferez-vous si vous voyez quelqu'un .... son chien au bord de la route ? »

a. Disparaître
b. Braconner
c. Abandonner
d. Trier

5. Les .... des animaux demandent une nouvelle loi contre les ....

a. Protecteurs / espèces
b. Initiatives / maltraitances
c. Défenseurs / braconniers
d. Les 3 réponses ci-dessus sont correctes.

6. Cherchez l'intrus.

a. Ordures
b. Saveurs
c. Tri
d. Recyclage

7. La mission principale d'un rudologue, c'est la gestion des déchets.

a. VRAI
b. FAUX

8. Chaque année, notre entreprise .... des milliers de tonnes de déchets.

a. Trie
b. Récupère
c. Recycle
d. Les 3 réponses ci-dessus sont correctes.

9. Des experts font régulièrement des .... d'eau autour de ....

a. Prélèvements / la centrale nucléaire
b. Déchets / l'usine
c. Ordures / la gestion
d. Les 3 réponses ci-dessus sont correctes.

10. Des agents .... que les habitants ne jettent pas leurs .... n'importe où.

a. Surveillent / ordures
b. Prélèvent / déchets
c. Vérifient / usines
d. Les 3 réponses ci-dessus sont correctes.

Niveau B2

1. Cherchez l'intrus.

a. Extinction
b. Réchauffement
c. Migration
d. Défrichage

2. Quelles expressions désignent le mieux le phénomène qui affecte actuellement le climat ? (2 réponses)

a. Réchauffement climatique
b. Innovation climatique
c. Dérèglement climatique
d. Changement climatique

3. La montagne est .... fragile qui souffre directement des effets du réchauffement.

a. Un frein
b. Une migration

c. Un écosystème
d. Les 3 réponses ci-dessus sont correctes.

4. La plus grande urgence, c'est .... les .... de gaz à effet de serre.

a. D'éteindre / feux
b. D'innover / extinctions
c. De freiner / émissions
d. Les 3 réponses ci-dessus sont correctes.

5. Le dérèglement climatique et .... entraînent .... de nombreuses espèces animales.

a. L'écosystème / la réserve
b. Les migrations / l'émission
c. Les gaz à effet de serre / le réchauffement
d. Le défrichage des forêts / l'extinction

6. Quels mots-clés permettent de parler de la sécheresse ?

a. Département
b. Canicule
c. Arrosage
d. Conserve

7. Les .... n'ont jamais été aussi faibles pour un mois de juillet.

a. Précipitations
b. Eaux potables
c. Robinets
d. Les 3 réponses ci-dessus sont correctes.

8. Le moment est venu de payer les conséquences des années et des années de .... de l'eau !

a. Précipitation
b. Sécheresse
c. Gaspillage
d. Rationnement

9. La durée de .... impose des .... sur la consommation d'eau.

a. La sécheresse / arrosages
b. La pénurie / gaspillages
c. La canicule / restrictions
d. Les 3 réponses ci-dessus sont correctes.

10. Si les .... se vident trop vite, nous devrons .... l'eau pour tous les habitants.

a. Réserves / rationner
b. Précipitations / arroser
c. Pénuries / restreindre
d. Eaux potables / gaspiller

Les mots de la santé

L'alimentation sans viande (B1)

Morgane (8 ans) : « Si j'arrête de manger de la viande, est-ce dangereux pour ma santé ? »

L'être humain **se nourrit** grâce aux **aliments** qu'il mange quotidiennement. Ils apportent de l'énergie et notre corps en a besoin pour fonctionner et être **en forme** ! L'humain est **omnivore**, cela veut dire qu'il mange de tout : des produits d'origine animale (viande, lait...), mais aussi des **végétaux**. Pourquoi ne pourrait-on pas manger uniquement des fruits, ou de la viande par exemple ?

Si tu ne manges plus de fruits ou de légumes, tu vas manquer de vitamine C, tu pourrais tomber malade plus souvent et attraper plus de maladies **contagieuses**. Si tu ne manges plus du tout de produits animaux, tu pourrais manquer de fer et tu risques alors de **souffrir** d'anémie, cela veut dire que tu seras très fatiguée. Une autre **carence** grave sera la vitamine B12, c'est dangereux parce qu'elle participe à la protection de tes nerfs et de ton **cerveau**.

Que se passerait-il si tu arrêtais seulement la viande ? Tu peux trouver du fer dans certains poissons et dans les produits laitiers qui en plus t'apportent le calcium indispensable pour ta **croissance**. Mais, l'idéal est vraiment de manger de tout, pour profiter d'une alimentation équilibrée.

D'après Irène Margaritis, *The Conversation*, 02/02/2021

Les 10 mots-clés

Aliment (n. m.) : tout produit qui est mangé pour les matières et l'énergie qu'il apporte au corps. *L'un des aliments préférés des Français est la pomme de terre.*

Carence (n. f.) : manque d'éléments nécessaires pour le bon fonctionnement du corps. *Pour éviter une carence en vitamine B12, on peut consommer du poisson ou des produits laitiers comme le fromage.*

Cerveau (n. m.) : organe situé dans la tête, qui s'occupe des fonctions supérieures (mémoire, pensée, langage, etc.). *Pour bien fonctionner, le cerveau a besoin de sucre.*

Contagieux (adj.) : se dit d'une maladie qui se communique par contact avec d'autres personnes. *La grippe est une maladie très contagieuse en hiver.*

Croissance (n. f.) : période, allant de la naissance à 20 ans environ, où le corps se développe. *Un enfant qui mange mal peut connaître un retard de croissance.*

En forme (expression) : avoir une bonne condition physique. *Je me sens en forme depuis mon retour de vacances.*

Nourrir (se) : prendre des aliments. *Les enfants de mes voisins se* *nourrissent uniquement de frites et de gâteaux.*

Omnivore (adj.) : qui mange toutes sortes d'aliments d'origine végétale et animale. *Le poisson rouge est un animal omnivore.*

Souffrir (de qqch) : avoir mal à cause d'un problème physique ou moral. *Depuis mon accident de moto, je souffre d'un mal de tête permanent.*

Végétal (n. m. ou adj.) : désigne toute sorte d'arbres ou de plantes. *Un végétalien est une personne qui se nourrit uniquement de végétaux pour des raisons écologiques.*

La problématique : un enfant peut-il se passer de viande ?

Pour des raisons de santé ou d'écologie, de nombreuses personnes décident de ne plus consommer de produits d'origine animale. En faisant très attention à équilibrer son alimentation, il est possible de rester en forme. Il faut par exemple éviter les carences en vitamine B12. Toutefois, on peut se demander si cette alimentation est bonne pour l'enfant et l'adolescent. En effet, en période de croissance, les apports en énergie doivent être suffisants. Diminuer la consommation de viande est une bonne chose et beaucoup de cantines scolaires le font en France. Mais, un arrêt complet n'est sans doute pas conseillé.

Le manque de sommeil (B1)

Quels sont les bienfaits d'une sieste quotidienne ?

La **sieste** devrait se pratiquer quotidiennement, en vacances comme le reste de l'année, pour contrer les effets négatifs du manque de sommeil **chronique**. « C'est un **remède** universel, assure Brice Faraut, chercheur en neurosciences. La pause n'a pas besoin d'être longue pour être efficace. » Comptez cinq à dix minutes pour **vous endormir**. « Détendez-vous, concentrez-vous sur la respiration. »

Pour réduire le stress, **renforcer** les **défenses immunitaires** et améliorer l'**humeur**, une sieste de vingt à trente minutes est préférable. « Pour **émerger**, faites sonner le portable ou buvez une tasse de café (ou de thé) avant l'endormissement, la caféine agit au bout de vingt minutes exactement. »

Pour les horaires, c'est vous qui décidez. « Les meilleures heures pour une sieste de dix à trente minutes sont entre 12 h et 16 h. Mais après une nuit trop courte, prenez un peu de **repos** entre 9 h et midi ». Lorsque vous vous sentez fatigué, trouvez un endroit calme, fermez la lumière et les écrans.

« La sieste commence à être acceptée sur les lieux de travail, parce que ses **bienfaits** sont de plus en plus reconnus : elle renforce la mémoire, facilite la créativité et aide à lutter contre la mauvaise humeur. »

D'après Fabienne Marais, *Ouest-France*, 17/07/2022

Les 10 mots-clés

Bienfait (n. m.) : avantage, effet positif. *Les bienfaits de la lecture sur le cerveau sont maintenant bien connus, par exemple elle protège contre la maladie d'Alzheimer.*

Chronique (adj.) : se dit d'une maladie qui évolue et dure très longtemps. *La maladie de Parkinson est une maladie chronique qui touche le cerveau.*

Défenses immunitaires (n. f. pluriel) : protections naturelles du corps contre les virus et les maladies. *Des chercheurs ont montré que le stress réduit les défenses immunitaires.*

Émerger (verbe intransitif familier) : sortir du sommeil, redevenir actif. *Le matin, il me faut au moins deux heures pour émerger complètement.*

Endormir (s') : commencer à dormir. *Elle n'a pas du tout aimé le film : elle s'est endormie après 10 minutes !*

Humeur (n. f.) : état mental, qui change plus ou moins vite. *Il était de mauvaise humeur ce matin : il ne voulait parler à personne.*

Remède (n. m.) : substance utilisée pour traiter un problème de santé. *L'aspirine est un remède qui ne peut pas être acheté sans l'autorisation d'un* *médecin.*

Renforcer (qqch) : donner plus de force à quelque chose. *La vitamine C renforce les défenses immunitaires et réduit les risques de cancer.*

Repos (n. m.) : temps de pause, où on stoppe les activités. *Le médecin lui a conseillé de prendre une semaine de repos.*

Sieste (n. f.) : action de dormir un court moment, après le repas de midi. *La sieste n'est pas une pratique très courante dans la partie nord de la France.*

La problématique : comment lutter contre le manque de sommeil ?

Les loisirs tard dans la soirée, la lumière des écrans, le stress au travail... le mode de vie actuel est souvent l'ennemi du sommeil. Cela devient un vrai problème de santé publique, parce que le manque de sommeil a des conséquences négatives quand il devient chronique. Il est donc conseillé de changer nos habitudes pour pouvoir dormir plus, mais aussi de pratiquer la sieste. Pourtant, elle n'est pas bien acceptée partout. Tout à fait normale dans certains pays, au Vietnam par exemple, elle est encore mal vue dans les entreprises françaises, où elle est associée à la paresse.

La malbouffe (B2)

La malbouffe est-elle dangereuse pour les adolescents ?

Une consommation excessive de **malbouffe** a des conséquences négatives sur la santé des adolescents. Selon une étude de la Royal Society Open Science, après 7 jours d'une alimentation **hypercalorique** (riche en graisses et en sucres ajoutés), les jeunes volontaires ont obtenu de moins bons résultats à des tests de mémoire. L'**obésité** est également une conséquence possible. Il faut savoir que les adolescents obèses ont de fortes chances de le rester à l'âge adulte, ce qui augmente le risque de maladie cardiaque, de cancer et de diabète.

Il revient donc aux parents de transmettre une éducation alimentaire à l'adolescent. « Surtout, il ne faut pas lui faire **faire de régime**, prévient le Dr Cocaul. Pour réussir son éducation alimentaire, il faut conseiller, sans imposer. Il faut aussi préparer à la maison des menus équilibrés et qui **rassasient** » L'objectif est ainsi d'adopter de nouvelles habitudes alimentaires : se débarrasser des produits gras et sucrés habituellement consommés aux **collations** (sodas, chips, barres chocolatées...), car ils sont trop **appétissants**.

Enfin, une mauvaise alimentation combinée à un mode de vie **sédentaire** est un facteur de risque. L'alimentation n'étant pas la seule en cause dans le **surpoids**, il est essentiel d'inciter l'adolescent à bouger et à pratiquer de l'exercice physique, en programmant des activités en famille ou en l'inscrivant à une association. On évite ainsi l'inactivité, qui pousse au **grignotage**.

D'après C. Henry et É. de la Morandière, *Santé magazine*, 21/09/2021

Les 10 mots-clés

Appétissant (adj.) : qui donne envie de manger. *Le chocolat et les chips sont tellement appétissants qu'un adolescent continuera à en manger même quand il n'a plus faim.*

Collation (n. f.) : petit repas pris généralement dans l'après-midi ou tard dans la soirée. *Notre fils faisait jusqu'à 3 ou 4 collations dans la journée, toujours à base de gâteaux et de sodas.*

Faire un régime (expression) : avoir une alimentation plus légère pour perdre du poids. *Le médecin m'a conseillé de faire un régime pour perdre 5 kilos environ.*

Grignotage (n. m.) : prendre des aliments en petites quantités entre les repas, par exemple en regardant une série. *Si vous avez des envies de grignotage, prenez plutôt des fruits.*

Hypercalorique (adj.) : se dit d'une alimentation trop riche en calories. *La restauration rapide sert généralement des plats hypercaloriques, par* *exemple les hamburgers ou les kebabs.*

Malbouffe (n. f. familier) : désigne tous les aliments de mauvaise qualité, mauvais pour la santé. *La malbouffe est très présente dans les supermarchés : aliments trop salés, riches en graisses ou en colorants...*

Obésité (n. f.) : état maladif d'une personne qui est anormalement grosse. *L'obésité est devenue un vrai problème de santé publique en France.*

Rassasier (qqn) : satisfaire totalement la faim. *Je ne vais pas prendre de dessert, la pizza aux 4 fromages m'a rassasié !*

Sédentaire (adj.) : qui sort très peu ou qui a très peu d'activités physiques. *Les réseaux sociaux et les séries nous ont rendus très sédentaires.*

Surpoids (n. m.) : état d'une personne qui a un poids supérieur à la normale (mais inférieur à l'obésité). *La visite médicale a révélé un peu de surpoids, mais ce n'est pas très inquiétant.*

La problématique : faut-il taxer la malbouffe ?

Une étude de 2021 révèle qu'un Français sur six souffre d'obésité et que le surpoids touche 30 % de la population. Les maladies liées à ces problèmes de poids coûtent cher à la société. C'est pourquoi des responsables politiques estiment que le gouvernement devrait imposer des restrictions sur la malbouffe. Une solution proposée, notamment, est de taxer les aliments de mauvaise qualité comme on le fait pour le tabac : un prix élevé pourrait décourager la consommation. Mais cette mesure serait plutôt inégalitaire, car ce sont justement les moins riches qui doivent se nourrir avec ces aliments. Par ailleurs, notre mode de vie sédentaire est aussi responsable.

La santé mentale (B2)

Instagram a conscience d'être toxique pour « une jeune fille sur trois »

Instagram serait **toxique** pour certaines utilisatrices, notamment les plus jeunes. Et la plateforme en a parfaitement conscience, selon plusieurs documents internes à Facebook. « 32 % des jeunes filles ont déclaré se sentir encore plus **mal dans leur peau** », explique une note de 2020. Un chiffre impressionnant, mais qui n'a rien de nouveau : dès 2019, un document expliquait qu'Instagram donnait « une image négative d'elle-même à une jeune fille sur trois » et que leur santé mentale **se dégradait**.

C'est une enquête du Wall Street Journal qui a révélé ces documents. Les résultats sont particulièrement mauvais pour Instagram. « Le fait de se comparer aux autres femmes peut changer la façon dont les jeunes filles se voient et créer alors des **complexes** », rapporte un document partagé en 2020. « Les adolescents estiment qu'Instagram est responsable de l'augmentation du nombre de **dépressions** et d'une **anxiété** croissante », est-il écrit dans une autre note. Pire encore, 13 % des jeunes qui ont **éprouvé** des pensées suicidaires estiment que ces dernières sont dues au réseau social.

Dans une autre étude, 40 % des utilisateurs qui se trouvent « peu séduisants » estimeraient que ce **ressenti** est lié en partie à Instagram. Les documents évoquent aussi un sentiment d'**addiction**. « Les adolescents n'aiment pas le nombre d'heures qu'ils passent sur la plateforme, mais ils ont l'impression de devoir être présents malgré tout. Ils ne peuvent pas s'arrêter, même s'ils savent que cela **affecte** leur santé mentale ».

D'après Aurore Gayte, *Numerama*, 15/09/2021

Les 10 mots-clés

Addiction (n. f.) : état de dépendance très forte, maladive, à quelque chose. *L'addiction aux réseaux sociaux ne touche pas seulement la jeune génération.*

Affecter (qqn ou qqch) : avoir une influence négative. *D'après un sondage, les jeunes de la génération Z pensent que les réseaux sociaux affectent leur bonheur.*

Anxiété (n. f.) : trouble psychologique causé par la peur continue d'un danger. *Il existe des comptes Instagram qui donnent des conseils pour lutter contre l'anxiété.*

Complexe (n. m.) : sentiment d'être moins bien que les autres, notamment pour une partie de son corps ou de sa personnalité. *Il fait un complexe sur son physique, depuis sa maladie qui lui a fait perdre 20 kilos.*

Dégrader (se) : devenir de plus en plus faible ou de plus en plus mauvais. *Les relations avec sa famille se sont beaucoup dégradées, alors elle a décidé* *de partir en voyage.*

Dépression (n. f.) : maladie mentale qui présente une perte d'énergie importante, une grande tristesse... *La perte d'un emploi ou d'une personne proche peut entraîner une dépression chez les personnes fragiles.*

Éprouver (qqch) : avoir un sentiment (positif ou négatif). *Les jeunes éprouvent des sentiments compliqués pour les réseaux sociaux : d'un côté ils les amusent, de l'autre ils leur font peur.*

Mal dans sa peau (expression) : sentiment de mal-être, de tristesse, dans la vie de tous les jours. *Quand on se sent mal dans sa peau, pratiquer une activité artistique est souvent une bonne solution.*

Ressenti (n. m.) : impression générale concernant quelque chose. *Quel est votre ressenti sur votre expérience de cours en ligne ?*

Toxique (adj.) : très dangereux pour la santé physique ou mentale. *Sur les réseaux sociaux, certaines relations peuvent devenir toxiques pour un adolescent.*

La problématique : les réseaux sociaux sont-ils toxiques ?

Les réseaux sociaux sont régulièrement critiqués dans les médias pour leur influence négative sur les jeunes générations. Des enquêtes récentes ont révélé des faits plus graves : des plateformes seraient conscientes des dégâts sur la santé mentale qu'elles causent, mais les cacheraient pour protéger leurs énormes bénéfices. Toutefois, ces mêmes réseaux ne permettent-ils pas aussi de s'informer, de partager ses expériences, de trouver du réconfort ou encore d'exprimer sa créativité ? Comme dans toute relation humaine, c'est la modération qu'il convient de rechercher. Il faut obliger ses plateformes à développer des environnements plus sains en limitant les contenus toxiques.

Testez-vous !

Vous préférez la version interactive du test ? Rendez-vous à cette adresse :

communfrancais.com/ressources/les-mots-de-linfo-b1-b2/quiz-sante/

Niveau B1

1. Cherchez l'intrus.

   a. Souffrance
   b. Croissance
   c. Carence
   d. Contagieux

2. Le poisson est .... excellent pour le cerveau.

   a. Un repos
   b. Un aliment
   c. Un végétal
   d. Les 3 réponses ci-dessus sont correctes.

3. Il faut .... correctement pour rester ....

   a. Souffrir / en croissance
   b. S'alimenter / contagieux
   c. Dormir / omnivore
   d. Se nourrir / en forme

4. Si on consomme seulement ...., on risque .... en vitamine B12.

   a. Des végétaux / une carence
   b. Des omnivores / une forme
   c. De la viande / une souffrance
   d. Les 3 réponses ci-dessus sont correctes.

5. En Asie, ... est généralement à base de riz ou de nouilles.

   a. L'alimentation
   b. La nourriture
   c. La cuisine
   d. Les 3 réponses ci-dessus sont correctes.

6. Quels mots-clés permettent de parler du manque de sommeil ?

   a. Sieste

b. Valider
c. Repos
d. S'endormir

7. Lorsque le manque de sommeil se répète tous les jours, on dit qu'il est ....

a. Renforcé
b. Reconnu
c. Chronique
d. Bienfait

8. Le Covid-19 est un virus qui attaque les ....

a. Humeurs
b. Remèdes
c. Défenses immunitaires
d. Les 3 réponses ci-dessus sont correctes.

9. « En général, je ne fais pas de .... , parce qu'après j'ai trop de mal à .... »

a. Sieste / émerger
b. Cerveau / me reposer
c. Défenses / renforcer
d. Les 3 réponses ci-dessus sont correctes.

10. Un des .... du sport, c'est qu'il permet de garder la bonne ....

a. Bienfaits / humeur
b. Remèdes / chronique
c. Endormissements / sieste
d. Les 3 réponses ci-dessus sont correctes.

Niveau B2

1. Quels mots-clés peuvent servir à parler de la malbouffe ?

a. Surpoids
b. Hypercalorique
c. Pourboire
d. Grignotage

2. Un excès de malbouffe entraîne souvent de ....

a. La collation
b. L'humeur
c. La gastronomie
d. L'obésité

3. Avec le télétravail et les loisirs à la maison, les gens deviennent très ....

a. Rassasiés
b. Appétissants
c. Sédentaires
d. Les 3 réponses ci-dessus sont correctes.

4. En cas .... , un médecin peut vous prescrire de ....

   a. D'obésité / grignoter
   b. D'anxiété / souffrir
   c. De surpoids / faire un régime
   d. Les 3 réponses ci-dessus sont correctes.

5. « Ce gâteau est très .... mais, non merci, je suis déjà .... »

   a. Appétissant / rassasié
   b. Hypercalorique / sédentaire
   c. Obèse / au régime
   d. Les 3 réponses ci-dessus sont correctes.

6. Cherchez l'intrus.

   a. Dépression
   b. Modération
   c. Addiction
   d. Complexe

7. Comme sa santé mentale ...., il a dû consulter un psychiatre.

   a. S'est affectée
   b. S'est éprouvée
   c. S'est dégradée
   d. Les 3 réponses ci-dessus sont correctes.

8. Quand il a vu ses résultats sur le tableau, il .... une grande joie.

   a. A déprimé
   b. A éprouvé
   c. A complexé
   d. Les 3 réponses ci-dessus sont correctes.

9. « D'après ...., ce réseau social ne favorise pas spécialement les relations .... »

   a. Mon ressenti / toxiques
   b. Mon addiction / dégradées
   c. Ma dépression / affectées
   d. Les 3 réponses ci-dessus sont correctes.

10. « Si vous vous sentez .... , sortez de votre isolement en parlant à votre entourage. »

   a. Mal dans votre peau
   b. Anxieuse
   c. Déprimée
   d. Les 3 réponses ci-dessus sont correctes.

Les mots des médias

La pollution numérique (B1)

10 gestes simples pour un usage du numérique plus respectueux de la planète

Moins de déplacements, moins de papier, de temps et d'énergie... Les technologies **numériques** permettent d'optimiser la consommation des ressources. Pourtant, les bénéfices pour l'environnement sont assez limités : le secteur des technologies numériques représente entre 6 et 10 % de la consommation mondiale d'électricité. En moyenne, 35 applications tournent en permanence sur nos téléphones, alors qu'on pourrait les éteindre en activant le mode économie d'énergie. Alors, si toi aussi tu veux protéger la planète en réduisant ta consommation, adopte quelques gestes propres au quotidien...

1. Pense à éteindre tes **appareils** avant d'aller dormir.
2. À l'école, ferme tes applis et **mets ton téléphone en veille**.
3. **Compresse** tes **fichiers** avant de les envoyer.
4. **Nettoie** régulièrement ta boîte mail.
5. Imprime seulement quand c'est nécessaire, et si possible, en noir et blanc.
6. Vide régulièrement le **cache** de ton **navigateur**.
7. N'abuse pas du visionnage de vidéos en ligne et du streaming.
8. Limite le nombre de **destinataires** et de **pièces jointes** dans tes mails.
9. Ton écran est cassé ? Pas besoin de racheter un nouveau téléphone, répare-le, c'est simple à faire.
10. Tu ne veux plus d'un appareil ? Ne le jette pas, revends-le d'occasion !

D'après Chistophe Coquis, *Geek junior*, octobre 2020

Les 10 mots-clés

Appareil (n. m.) : objet électronique utilisé dans la vie quotidienne, comme un téléphone ou un ordinateur. *En moyenne, les Français ont 99 appareils chez eux, les plus fréquents étant le réfrigérateur, la machine à laver et le téléphone portable.*

Cache (n. m.) : mémoire informatique où des informations sont stockées pour une durée limitée. *Sur un téléphone, on peut vider le cache des applications en allant dans le menu « Paramètres ».*

Compresser (qqch) : réduire le volume, la taille de quelque chose. *Tu devrais compresser ton document PDF avant de l'envoyer, il est trop lourd.*

Destinataire (n. m. ou f.) : personne à qui on envoie une lettre ou un message. *J'ai besoin de l'adresse électronique du destinataire pour envoyer un courrier.*

Fichier (n. m.) : document informatique. *Pense à garder une copie des fichiers sur un disque externe.*

Mettre (qqch ou pronominal) en veille : mettre un appareil en pause, sans l'éteindre, pour réduire la consommation d'électricité. *L'ordinateur se met en veille automatiquement après 10 minutes sans activité.*

Navigateur (n. m.) : programme informatique utilisé pour aller sur le Web. *Les navigateurs les plus utilisés actuellement sont Chrome, Firefox, Microsoft Edge et Safari.*

Nettoyer (qqch) : rendre net en effaçant toutes les choses sales ou inutiles. *En nettoyant régulièrement son smartphone, on réduit le stockage dans la mémoire et on consomme alors moins d'énergie.*

Numérique (adj. ou n. m.) : se dit d'un système où les informations sont codées avec des chiffres. *Vous préférez lire un livre imprimé ou un livre numérique ?*

Pièce jointe (expression) : document qui est ajouté dans un courrier électronique. *Vous trouverez en pièce jointe mon CV et ma lettre de motivation.*

La problématique : comment limiter la pollution numérique ?

Les technologies numériques ne sont pas propres comme on le pense généralement. La fabrication d'un smartphone demande une quarantaine de métaux, qui sont extraits par des techniques mauvaises pour l'environnement. Avec les réseaux sociaux, les vidéos en ligne, le partage de photos, nos usages d'Internet consomment de plus en plus d'énergie. Il est donc important de sensibiliser les utilisateurs à cette source de pollution qui n'est pas très connue. Nous devons essayer de garder nos appareils plus longtemps. Nous devons aussi limiter notre utilisation d'Internet... mais, avec l'énorme succès des séries, ce ne sera pas facile !

Les textos (B1)

Désolée (ou pas) si je ne réponds pas à tes textos mais j'ai une vie privée

À notre époque, il suffit de cliquer sur un bouton pour communiquer. Nos messages sont transmis **instantanément** par SMS ou **messagerie vocale** au destinataire et l'**expéditeur** peut vérifier si son message est lu. Le nombre de **textos** a augmenté de 1735 % en dix ans. Continuellement **branchés** sur notre téléphone, nous prenons le temps de les lire mais n'avons pas toujours le temps d'y répondre. Avant, il paraissait normal de ne pas répondre immédiatement. Nous laissions un message sur un **répondeur** et nous attendions patiemment la réponse.

Aujourd'hui, on attend une réaction immédiate, comme un événement récent me l'a fait comprendre. Un vendredi, j'avais échangé avec une amie sur nos projets du week-end. Son dernier message disait : « Passe un bon week-end ! » Occupée, je n'y avais pas répondu. Le lundi, elle m'a bloquée sur tous ses réseaux sociaux ! J'ai **culpabilisé**, car je n'avais pas réalisé qu'elle attendait une réponse. J'avais passé du temps en famille sans ressentir le besoin de communiquer par téléphone, sauf **en cas d'urgence**.

L'**attachement** pour nos amis se mesure-t-il à notre temps de réponse ? Bien sûr, je n'ai pas l'intention d'**ignorer** un message pour faire du mal. Mais si je ne réponds pas aussitôt, c'est seulement parce que j'ai une vie privée. Dois-je me sentir coupable ?

D'après J. Goodfellow et S. Merle, *Le HuffPost*, 17/12/2017

Les 10 mots-clés

Attachement (n. m.) : sentiment d'affection pour quelqu'un. *Il a beaucoup d'attachement pour ses anciens collègues, même s'il ne les voit pas souvent.*

Branché (sur qqch) (participe passé) : connecté, prêt à communiquer. *Leur fils restait branché sur son téléphone toute la journée, ils ont dû lui confisquer.*

Culpabiliser (verbe intransitif) : avoir le sentiment d'avoir fait une faute ou du mal à quelqu'un. *Quand j'ai passé quatre heures de suite sur Instagram, je culpabilise un peu à cause du temps perdu.*

En cas d'urgence (expression) : dans une situation grave, qui demande d'agir immédiatement. *Je serai absent demain, mais en cas d'urgence, vous pourrez contacter ma secrétaire.*

Expéditeur, expéditrice (nom) : personne qui envoie un message ou une lettre. *Dans une lettre formelle, vous devez toujours préciser l'adresse et le téléphone de l'expéditeur.*

Ignorer (qqn ou qqch) : ne pas parler ou ne pas répondre volontairement.

J'ai essayé plusieurs fois de le contacter, mais il m'ignore complètement.

Instantanément (adv.) : tout de suite, sans attendre. *Après votre inscription au site, vous recevrez instantanément un message de confirmation.*

Messagerie vocale (n. f.) : service sur un téléphone portable qui permet de laisser des messages parlés. *À chaque fois que j'appelle le directeur, je tombe sur sa messagerie vocale.*

Répondeur (n. m.) : service (ou appareil) qui permet de laisser des messages vocaux sur un téléphone fixe. *Elle a déjà laissé une dizaine de messages sur mon répondeur.*

Texto (n. m.) : mot souvent utilisé en français pour SMS. *Quand est-ce que tu vas répondre à mes textos ? Cela fait deux heures que j'attends !*

La problématique : notre communication est-elle devenue trop exigeante ?

Il y a quelques années, on faisait encore une nette différence entre communication instantanée (surtout orale) et communication non instantanée (surtout écrite). En général, on contactait par téléphone pour obtenir une réponse immédiate, on envoyait un texto ou un courriel quand il n'y avait pas d'urgence. Aujourd'hui avec les réseaux sociaux – et leurs services de messagerie instantanée comme *Messenger* – nous faisons de moins en moins cette différence. Écrite comme orale, nous voulons une communication de plus en plus rapide. Ce manque de patience peut quelquefois poser des problèmes. Par exemple au travail, comment organiser son temps lorsque tout devient urgent ?

Les enfants youtubeurs (B2)

Enfants youtubeurs : que dit la loi ?

Nombreux sont les enfants youtubeurs qui **cumulent** des centaines de milliers de vues sur la plateforme interdite... aux moins de 13 ans ! Outre leur **popularité**, leurs vidéos – tests de jeux ou **tutos**... – ont un point commun : la présence, derrière ou devant la caméra, de leurs parents.

Les **chaînes** « familiales » sur YouTube interrogent : les enfants apprécient-ils réellement cette activité ? Leurs parents les poussent-ils à **tourner** toujours plus de vidéos, pour obtenir toujours plus de vues, et donc d'argent, puisque les créateurs de contenus sont **rémunérés** au nombre de clics ? Pourquoi les enfants mannequins doivent-ils avoir un contrat de travail et pas ces enfants vidéastes ? Oui, mais... comment contrôler le nombre d'heures effectuées à la maison, et non dans un studio ?

Pour répondre à ces questions, une nouvelle loi est appliquée depuis avril 2021, qui vient encadrer l'exploitation commerciale de l'image d'un mineur de moins de 16 ans.

Désormais, les parents d'enfants youtubeurs, **influenceurs** ou e-sportifs, doivent demander une autorisation à la préfecture avant la diffusion. Si l'enfant est le principal sujet de la vidéo et que son contenu est **monétisé**, alors les parents doivent également demander une autorisation avant le tournage.

D'autre part, les parents ont l'obligation de placer une partie des revenus **générés** par leurs enfants – grâce aux nombres de vues mais aussi aux marques qui ont payé pour des **placements de produits** – à la Caisse des Dépôts, où ils seront bloqués jusqu'à leur majorité.

D'après Juliette Hochberg, *L'observatoire*, 18/06/2021

Les 10 mots-clés

Chaîne (n. f.) : groupe de vidéos postées par une même personne, généralement sur un thème commun. *La chaîne YouTube de Cyprien compte près de 15 millions d'abonnés.*

Cumuler (qqch) : ajouter des résultats différents pour faire un total. *Mes trois dernières vidéos cumulent 250 000 vues.*

Générer (qqch) : faire naître, produire. *Sur YouTube, il faut au minimum un million d'abonnés pour générer des revenus intéressants.*

Influenceur, influenceuse (nom) : personne très suivie sur un réseau social, dont l'opinion ou les conseils d'achats sont très écoutés. *Les enfants youtubeurs, quand ils sont très regardés, deviennent souvent des influenceurs pour les marques de jouets ou de vêtements.*

Monétiser (qqch) : ajouter des publicités à un contenu pour gagner de l'argent. *Quand vous monétisez une vidéo sur YouTube, vous gagnez de l'argent en fonction du nombre de vues.*

Placement de produit (expression) : technique de publicité qui consiste à intégrer une marque (un logo) dans un film, un clip, une vidéo... *Le placement de produit est très fréquent dans les vidéos de maquillage, où on observe une personne en train d'appliquer un produit d'une marque connue.*

Popularité (n. f.) : fait d'être connu par beaucoup de personnes. *La popularité de certains youtubeurs est impressionnante : ils sont parfois plus célèbres que des acteurs de cinéma.*

Rémunérer (qqn) : donner de l'argent à quelqu'un pour un travail ou un service. *Si l'activité d'un enfant est rémunérée, ses parents n'ont pas le droit d'utiliser l'argent comme ils veulent.*

Tourner (un film, une vidéo) : réaliser un film, une vidéo avec des acteurs ou des présentateurs et une caméra. *J'aimerais tourner plus de vidéos, mais cela prend beaucoup de temps.*

Tuto (n. m. familier) : abréviation familière de « tutoriel », type de vidéo qui explique comment réaliser quelque chose. *Ma fille adore regarder des tutos beauté pour apprendre à se maquiller.*

La problématique : comment protéger les enfants youtubeurs ?

L'image d'un enfant mineur est protégée dans le droit français. Par exemple, le travail de mannequin ou d'acteur est très réglementé. Pourtant, l'exploitation commerciale des enfants sur les plateformes comme YouTube est restée longtemps sans véritable contrôle. Face à cette situation, la nouvelle loi passée en avril 2021 est-elle suffisante ? La protection des enfants est la responsabilité de tous, à commencer par les parents bien sûr, mais aussi les abonnés des chaînes YouTube qui devraient rester vigilants. La présence d'un enfant dans une vidéo fait augmenter les ventes, c'est bien connu... mais est-ce vraiment une activité à encourager à cet âge ?

Les traces numériques (B2)

Pourquoi il ne faut pas laisser (trop) de traces numériques

Les **données** que tu laisses sur la toile ont une valeur. C'est en effet leur exploitation commerciale qui est la base de l'économie du web. Ces données peuvent être ce que tu télécharges, ce que tu publies sur un réseau social, les sites que tu visites avec ton navigateur... Bref, toutes tes actions sur Internet peuvent être gardées sur un **serveur**. Sur plusieurs années, cela représente une quantité incroyable d'informations sur toi !

Le problème est que ces données peuvent être revendues à des sociétés. Ta vie privée peut être menacée, d'autant plus qu'avec les outils d'intelligence artificielle, on va pouvoir te retrouver en **recoupant** des informations te concernant. Le site web que tu visites, ton opérateur télécom et même le fabricant de tes appareils **collectent** des données ! Une entreprise privée, mais aussi un état peut alors les utiliser sans ton **consentement** pour diffuser de la publicité ou surveiller la population.

Alors, pour laisser moins de traces, voici 10 astuces à mettre en pratique dès maintenant.

1. J'utilise un **pseudo**, pas mon vrai nom.
2. J'utilise un avatar comme photo de profil.
3. Je **désactive** ma géolocalisation sur mon smartphone.
4. J'utilise le moins possible les services de Google et Facebook.
5. Je configure les paramètres de **confidentialité** de mes appareils.
6. Je refuse tous les cookies non obligatoires.
7. J'utilise des applications de messagerie **cryptée**.
8. Je **mets à jour** mes applications et mon système d'exploitation.
9. Je crée plusieurs adresses de courriel.
10. J'utilise un réseau privé virtuel (VPN).

D'après Christophe Coquis, *Geek junior*, 31/05/2022

Les 10 mots-clés

Collecter (qqch) : prendre à plusieurs endroits et regrouper dans un but précis. *Les réseaux sociaux collectent les données personnelles pour afficher du contenu qui peut intéresser leurs membres.*

Confidentialité (n. f.) : fait de garder des informations privées, secrètes. *Ce site web garantit la confidentialité des informations que ses clients lui communiquent.*

Consentement (n. m.) : autorisation donnée à quelqu'un de faire quelque chose. *Le droit européen oblige les sites Internet à demander le consentement de l'utilisateur avant d'exploiter ses données personnelles.*

Crypter (qqch) : sécuriser, garder des informations secrètes grâce à un code informatique. *Telegram et Signal sont des applications de messagerie cryptée très populaires.*

Désactiver (qqch) : stopper le fonctionnement d'un service. *J'ai désactivé les notifications sur mon téléphone, car je ne pouvais plus me concentrer sur mon travail.*

Donnée (n. f.) : terme informatique qui désigne tout type d'information. *De plus en plus de données personnelles sont volées sur des plateformes et revendues à des organisations criminelles.*

Mettre à jour (qqch) : installer la version la plus récente d'une application, d'un logiciel, etc. *Je n'ai pas pu mettre à jour mon application de messagerie, car mon téléphone n'a plus d'espace.*

Pseudo (n. m.) : abréviation courante de « pseudonyme », faux nom utilisé pour garder une identité secrète. *Les réseaux sociaux n'aiment pas beaucoup les pseudonymes, ils préfèrent connaître l'identité des utilisateurs.*

Recouper (qqch) : comparer des informations de sources différentes pour vérifier si elles sont exactes. *La police a pu identifier le criminel en recoupant les informations qu'il avait laissées sur plusieurs réseaux sociaux.*

Serveur (n. m.) : système informatique qui permet le stockage et le partage d'informations. *Le service de mon entreprise était en panne toute l'après-midi, donc je n'ai pas pu accéder à mes dossiers.*

La problématique : nos données pourront-elles rester personnelles ?

Dès le début de leur existence, les grandes plateformes sur Internet se sont intéressées à nos données personnelles. Celles-ci leur permettent notamment d'afficher des publicités *ciblées*, c'est-à-dire qui ont le plus de chance de nous intéresser. Mais certains scandales ont révélé que nos informations pouvaient servir à des buts plus secrets, politiques par exemple. Depuis 2018, les pays de l'Union européenne appliquent le règlement général sur la protection des données (RGPD), qui essaie d'assurer une protection de la vie privée. Mais le mieux, comme toujours, c'est de faire nous-mêmes attention aux traces que nous laissons sur Internet.

Testez-vous !

Vous préférez la version interactive du test ? Rendez-vous à cette adresse :

communfrancais.com/ressources/les-mots-de-linfo-b1-b2/quiz-medias/

Niveau B1

1. Quels mots-clés permettent de parler de la pollution numérique ?

   a. Attachement
   b. Mettre en veille
   c. Nettoyer
   d. Compresser

2. « J'ai changé ...., maintenant j'utilise Firefox. »

   a. De fichier
   b. De téléphone
   c. D'appareil
   d. De navigateur

3. « À quel .... dois-je envoyer ce courriel ? »

   a. Expéditeur
   b. Cache
   c. Répondeur
   d. Destinataire

4. Si .... est trop lourde, il vaut mieux .... avant d'expédier le message.

   a. Une pièce jointe / la compresser
   b. Une destinataire / la cacher
   c. Une messagerie / la mettre en veille
   d. Les 3 réponses ci-dessus sont correctes.

5. On ne changera pas la pollution numérique en .... les téléphones et en compressant les .... !

   a. Compressant / pièces jointes
   b. Cachant / appareils
   c. Nettoyant / fichiers
   d. Branchant / navigateurs

6. Cherchez l'intrus.

   a. Répondeur
   b. Attachement
   c. Texto
   d. Messagerie

7. Un message de temps en temps permet d'exprimer son ....

   a. Attachement
   b. Expéditeur
   c. Urgence
   d. Les 3 réponses ci-dessus sont correctes.

8. « Je ne vais pas .... parce que je n'ai pas répondu .... à ton dernier message. »

   a. Brancher / vocalement
   b. Culpabiliser / instantanément
   c. Ignorer / continuellement
   d. Les 3 réponses ci-dessus sont correctes.

9. « Je lui ai envoyé .... pour lui souhaiter un joyeux anniversaire. »

   a. Un texto
   b. Un répondeur
   c. Une messagerie vocale
   d. Les 3 réponses ci-dessus sont correctes.

10. « Je resterai .... sur mon téléphone toute la journée : n'hésitez pas à m'appeler .... »

   a. Attachée / aussitôt
   b. Expéditrice / instantanément
   c. Ignorée / texto
   d. Branchée / en cas d'urgence

Niveau B2

1. Quels mots-clés permettent de parler des enfants youtubeurs ?

   a. Chaîne
   b. Confidentialité
   c. Tournage
   d. Rémunérer

2. Les revenus .... sur YouTube doivent revenir aux enfants à leur majorité.

   a. Monétisés
   b. Rémunérés
   c. Tournés
   d. Générés

3. Vous pouvez apprendre à cuisiner vous-mêmes des plats vietnamiens en regardant .... sur YouTube.

a. Des tournages
b. Des populaires
c. Des influenceurs
d. Des tutos

4. « Je ne regarde plus .... de sport, car il y a .... toutes les 5 minutes. »

a. Ces vidéos / une popularité
b. Cette chaîne / un placement de produit
c. Ces influenceurs / un cumul
d. Les 3 réponses ci-dessus sont incorrectes.

5. « Les vidéos de vos enfants .... près de 500 000 vues. Vous devriez les .... ! »

a. Totalisent / tourner
b. Tournent / générer
c. Rémunèrent / placer
d. Cumulent / monétiser

6. Cherchez l'intrus.

a. Sédentaire
b. Crypter
c. Serveur
d. Consentement

7. Pour économiser de l'énergie, ... d'abord les applications inutilisées.

a. Désactivons
b. Recoupons
c. Collectons
d. Les 3 réponses ci-dessus sont correctes.

8. Quand un navigateur présente un risque de sécurité, il faut rapidement effectuer ....

a. Une donnée
b. Une collecte
c. Un pseudo
d. Une mise à jour

9. Une messagerie cryptée permet de protéger la confidentialité des communications.

a. VRAI
b. FAUX

10. Un site web ne peut pas conserver des .... sur un serveur sans .... de l'utilisateur.

a. Pseudos / le recoupement
b. Cryptages / mettre à jour
c. Données / le consentement
d. Informations / la désactivation

Corrigés des tests

Les mots de l'école (B1)

1. a, c et d ; 2. b ; 3. b ; 4. c ; 5. d ; 6. a, b et c ; 7. a ; 8. b ; 9. b ; 10. c

Les mots de l'école (B2)

1. b et c ; 2. d ; 3. c ; 4. a ; 5. b ; 6. b et d ; 7. d ; 8. a ; 9. c ; 10. b

Les mots du travail (B1)

1. b et c ; 2. a ; 3. d ; 4. a ; 5. d ; 6. b ; 7. b ; 8. c ; 9. a ; 10. c

Les mots du travail (B2)

1. a et b ; 2. a ; 3. a ; 4. b ; 5. c ; 6. c (c'est le seul mot qui ne désigne pas une étape dans une carrière) ; 7. b ; 8. c ; 9. b ; 10. d

Les mots des loisirs et la culture (B1)

1. a et d ; 2. a et c ; 3. d ; 4. b ; 5. a ; 6. a (c'est le seul adjectif qui ne désigne pas un genre de série) ; 7. d ; 8. a ; 9. b ; 10. d

Les mots des loisirs et de la culture (B2)

1. a et b ; 2. b et c ; 3. b ; 4. a ; 5. d ; 6. d (c'est le seul participe passé qui ne peut pas qualifier un livre audio.) ; 7. b et d ; 8. b ; 9. a ; 10. b

Les mots du tourisme (B1)

1. c (c'est le seul mot qui n'appartient pas au thème de l'argent) ; 2. d ; 3. b ; 4. a ; 5. d ; 6. a (c'est le seul adjectif qui a un sens négatif) ; 7. d ; 8. d ; 9. a ; 10. b

Les mots du tourisme (B2)

1. a, b et c ; 2. a ; 3. b ; 4. a ; 5. c ; 6. a et d ; 7. d ; 8. b ; 9. a ; 10. d

Les mots de la consommation (B1)

1. a (c'est le seul mot qui n'est pas un adjectif) ; 2. b ; 3. b ; 4. a ; 5. d ; 6. a et b ; 7. d ; 8. b ; 9. b et d ; 10. a

Les mots de la consommation (B2)

1. b (c'est le seul moyen de paiement non matériel) ; 2. b et d ; 3. a ; 4. d ; 5. b ; 6. a (c'est le seul mot qui ne désigne pas une spécialité de l'agriculture) ; 7. a ; 8. c ; 9. a ; 10. b

Les mots des relations sociales et familiales (B1)

1. c (c'est le seul mot qui n'appartient pas au domaine de la location) ; 2. a ; 3. c ; 4. b ; 5. a ; 6. b, c et d ; 7. b ; 8. c ; 9. d ; 10. a

Les mots des relations sociales et familiales (B2)

1. c (c'est le seul mot qui n'appartient pas au domaine de l'informatique) ; 2. a ; 3. a ; 4. d ; 5. a ; 6. c ; 7. b ; 8. d ; 9. d ; 10. a

Les mots des transports (B1)

1. c (c'est le seul mot qui n'appartient pas directement au lexique des transports en commun) ; 2. c ; 3. c ; 4. b ; 5. a ; 6. b et d ; 7. c ; 8. a ; 9. a et d ; 10. b

Les mots des transports (B2)

1. b (c'est le seul mot qui n'appartient pas directement au lexique du vélo électrique) ; 2. c ; 3. c ; 4. a ; 5. b ; 6. a ; 7. d ; 8. c ; 9. c ; 10. c

Les mots de l'environnement (B1)

1. a ; 2. a ; 3. d ; 4. c ; 5. c ; 6. b (c'est le seul mot qui n'évoque pas le recyclage des déchets) ; 7. a ; 8. d ; 9. a ; 10. a

Les mots de l'environnement (B2)

1. d (c'est le seul mot qui désigne une cause et non une conséquence du changement climatique) ; 2. c et d ; 3. c ; 4. c ; 5. d ; 6. b et c ; 7. a ; 8. c ; 9. c ; 10. a

Les mots de la santé (B1)

1. b (c'est le seul mot qui n'appartient pas au lexique de la maladie) ; 2. b ; 3. d ; 4. a ; 5. d ; 6. a, c et d ; 7. c ; 8. c ; 9. a ; 10. a

Les mots de la santé (B2)

1. a, b et d ; 2. d ; 3. c ; 4. c ; 5. a ; 6. b (c'est le seul mot qui ne désigne pas un problème psychologique) ; 7. c ; 8. b ; 9. a ; 10. d

Les mots des médias (B1)

1. b, c et d ; 2. d ; 3. d ; 4. a ; 5. c ; 6. b (c'est le seul mot qui ne désigne pas un moyen de laisser un message à quelqu'un) ; 7. a ; 8. b ; 9. a ; 10. d

Les mots des médias (B2)

1. a, c, d ; 2. d ; 3. d ; 4. b ; 5. d ; 6. a (ce n'est pas un mot-clé concernant les traces numériques) ; 7. a ; 8. d ; 9. a ; 10. c

www.ingramcontent.com/pod-product-compliance
Ingram Content Group UK Ltd.
Pitfield, Milton Keynes, MK11 3LW, UK
UKHW020646231225
9725UKWH00028B/439

9 782958 074111